U0683143

中华精神家园

古建风雅

雄丽之园

北方园林特色与名园

肖东发 主编　戚光英 编著

中国出版集团

现代出版社

图书在版编目（CIP）数据

雄丽之园：北方园林特色与名园 / 戚光英编著. —
北京：现代出版社，2014.5（2021.7重印）
ISBN 978-7-5143-2323-8

Ⅰ . ①雄… Ⅱ . ①戚… Ⅲ . ①古典园林－介绍－中国
Ⅳ . ①K928.73

中国版本图书馆CIP数据核字(2014)第086407号

雄丽之园：北方园林特色与名园

主　　编：肖东发
作　　者：戚光英
责任编辑：王敬一
出版发行：现代出版社
通信地址：北京市定安门外安华里504号
邮政编码：100011
电　　话：010-64267325　64245264（传真）
网　　址：www.1980xd.com
电子邮箱：xiandai@cnpitc.com.cn
印　　刷：三河市嵩川印刷有限公司
开　　本：710mm×1000mm　1/16
印　　张：11
版　　次：2015年4月第1版　　2021年7月第3次印刷
书　　号：ISBN 978-7-5143-2323-8
定　　价：40.00元

版权所有，翻印必究；未经许可，不得转载

党的十八大报告指出："文化是民族的血脉，是人民的精神家园。全面建成小康社会，实现中华民族伟大复兴，必须推动社会主义文化大发展大繁荣，兴起社会主义文化建设新高潮，提高国家文化软实力，发挥文化引领风尚、教育人民、服务社会、推动发展的作用。"

我国经过改革开放的历程，推进了民族振兴、国家富强、人民幸福的中国梦，推进了伟大复兴的历史进程。文化是立国之根，实现中国梦也是我国文化实现伟大复兴的过程，并最终体现为文化的发展繁荣。习近平指出，博大精深的中国优秀传统文化是我们在世界文化激荡中站稳脚跟的根基。中华文化源远流长，积淀着中华民族最深层的精神追求，代表着中华民族独特的精神标识，为中华民族生生不息、发展壮大提供了丰厚滋养。我们要认识中华文化的独特创造、价值理念、鲜明特色，增强文化自信和价值自信。

如今，我们正处在改革开放攻坚和经济发展的转型时期，面对世界各国形形色色的文化现象，面对各种眼花缭乱的现代传媒，我们要坚持文化自信，古为今用、洋为中用、推陈出新，有鉴别地加以对待，有扬弃地予以继承，传承和升华中华优秀传统文化，发展中国特色社会主义文化，增强国家文化软实力。

浩浩历史长河，熊熊文明薪火，中华文化源远流长，滚滚黄河、滔滔长江，是最直接的源头，这两大文化浪涛经过千百年冲刷洗礼和不断交流、融合以及沉淀，最终形成了求同存异、兼收并蓄的辉煌灿烂的中华文明，也是世界上唯一绵延不绝而从没中断的古老文化，并始终充满了生机与活力。

中华文化曾是东方文化摇篮，也是推动世界文明不断前行的动力之一。早在500年前，中华文化的四大发明催生了欧洲文艺复兴运动和地理大发现。中国四大发明先后传到西方，对于促进西方工业社会的形成和发展，曾起到了重要作用。

　　中华文化的力量，已经深深熔铸到我们的生命力、创造力和凝聚力中，是我们民族的基因。中华民族的精神，也已深深植根于绵延数千年的优秀文化传统之中，是我们的精神家园。

　　总之，中华文化博大精深，是中国各族人民五千年来创造、传承下来的物质文明和精神文明的总和，其内容包罗万象，浩若星汉，具有很强的文化纵深，蕴含丰富宝藏。我们要实现中华文化伟大复兴，首先要站在传统文化前沿，薪火相传，一脉相承，弘扬和发展五千年来优秀的、光明的、先进的、科学的、文明的和自豪的文化现象，融合古今中外一切文化精华，构建具有中国特色的现代民族文化，向世界和未来展示中华民族的文化力量、文化价值、文化形态与文化风采。

　　为此，在有关专家指导下，我们收集整理了大量古今资料和最新研究成果，特别编撰了本套大型书系。主要包括独具特色的语言文字、浩如烟海的文化典籍、名扬世界的科技工艺、异彩纷呈的文学艺术、充满智慧的中国哲学、完备而深刻的伦理道德、古风古韵的建筑遗存、深具内涵的自然名胜、悠久传承的历史文明，还有各具特色又相互交融的地域文化和民族文化等，充分显示了中华民族的厚重文化底蕴和强大民族凝聚力，具有极强的系统性、广博性和规模性。

　　本套书系的特点是全景展现，纵横捭阖，内容采取讲故事的方式进行叙述，语言通俗，明白晓畅，图文并茂，形象直观，古风古韵，格调高雅，具有很强的可读性、欣赏性、知识性和延伸性，能够让广大读者全面接触和感受中国文化的丰富内涵，增强中华儿女民族自尊心和文化自豪感，并能很好继承和弘扬中国文化，创造未来中国特色的先进民族文化。

2014年4月18日

城市蓬莱——古莲花池

园林奇葩——十笏园

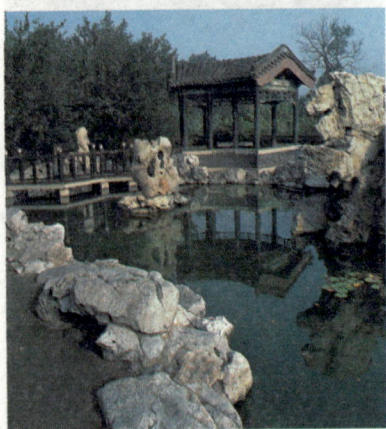

园林佳境——乐家花园

经典雅致——齐鲁三园

八大处

　　八大处位于北京市西郊西山南麓，园内有灵光寺、长安寺、三山庵、大悲寺、龙泉庙、香界寺、宝珠洞、证果寺八座古寺，"八大处"由此得名。

　　八座古刹最早建于隋末唐初，历经宋、元、明、清历代修建而成。其中灵光、长安、大悲、香界、证果五寺均为皇帝敕建。

　　八大处公园是由三山环抱，古人赞曰"三山如华屋，八刹如屋中古董，十二景则如屋外花园"，又有云"香山之美在于人工，八大处之美在于天然，其天然之美又有过于西山诸胜"。

八大处的得名和香界寺

　　八大处地处太行山余脉，位于翠微、平坡和卢师三山之间，方圆3.32平方千米，最高峰海拔为464.8米。三山呈环绕状，形似一把巨大的太师椅，形成了八大处特有的冬暖夏凉的小气候。

八大处香界寺

■ 八大处牌坊

这里的自然风景绮丽动人，四季风景如画。

春天，满山遍野的杏花、桃花、迎春花和连翘花等纷纷盛开，团团簇簇，煞是好看；夏天，峰峦叠翠，苍秀清雅，鸟啼鹃啭，流泉汩汩；秋天，十多万棵黄栌、火炬和元宝枫等各种红叶树种，秋霜过后，满山流丹；进入寒冬，银装素裹，积雪凝素。

天下名山僧占多，我国北方地区，梵刹林立，钟鼓相闻，最盛时期至少有42所庙宇。其中的八大处三山环抱，因保存完好的八座古刹而得名，又以自然天成的"十二景"闻名遐迩。

香界寺坐北朝南，占地近13000平方米。整个寺院规模宏大，殿宇巍峨，门户重重，构造精良。全寺建筑依山取势，层层高趋，叠叠有致，其雄伟壮丽的寺容堪为八大处诸寺之冠，其丰富珍贵的内藏也不愧为三山之首屈。

香界寺创建于唐代，始称"平坡大觉寺"，后经

太师椅 "太师"是官名，是尊贵、高雅的象征，太师椅是我国古代家具中唯一用官职来命名的椅子，它最早使用于宋代，最初的形式是一种类似于交椅的椅具。太师椅最能体现清代家具的造型特点，它体态宽大，靠背与扶手连成一片，形成一个三扇、五扇或者是多扇的围屏。

■ 八大处鎏金狮子

钟鼓楼 我国古代主要用于报时的建筑。钟楼和鼓楼的合称。钟鼓楼有两种，一种建于宫廷内；一种建于城市中心地带。多为两层建筑。宫廷中的钟鼓楼始于隋代，止于明代。它除报时外，还作为朝会时节制礼仪之用。

历代重修，先后更名为"大圆通寺"、"圣感寺"和"香界寺"。

香界寺布局严整，左右对称，沿中轴线由南向北依次为山门殿、大乘门、天王殿、大雄殿、西方三圣殿和藏经楼。

山门殿面阔三间，汉白玉券门，檐下嵌汉白玉石额，上刻"勅建香界寺"五个丹漆大字，是乾隆御笔。殿中对塑的哼哈二将立像，戎装怒目，状极威猛，不失"金刚力士"的孔武。

进大乘门是一平展院落，院中有钟鼓楼左右峙立。此二楼均为重檐歇山卷棚顶楼阁式造型，高大精美，足以显耀"勅建香界寺"巨刹的威仪。

鼓楼下玉石围栏内是一棵古老的油松，数枝巨杈遒劲盘曲，枝叶交互分披于大乘门和钟鼓楼之上，有如苍龙闹海，状极雄奇，因而有"龙松"的美誉。

登上几级石阶便是天王殿，券门和槛窗都以汉白玉石精雕而成。殿内两侧列泥塑彩绘四大天王，面色各异，法器有别，形象威猛可畏。

迎面供奉手持"佛手"、阔面宽睑、笑貌可掬的弥勒菩萨坐像。此塑像源本于我国五代时期的一位高僧，真名为"契比"，人称"布袋和尚"。

传说他经常背着一个布袋入市，见物即乞，出语无定，随处寝卧，形如疯癫，自称是"弥勒"的化身。广大中原地区寺庙中所供奉的"大肚弥勒佛"便是以他的形象塑造的。

天王殿北是大雄宝殿，面阔五楹，朱漆明柱，门窗雕饰着精美的三交六椀梭花纹样，殿中供奉着贴金三世佛和十八罗汉坐像。

大雄宝殿前有两通型制高大、雕造精美的石碑。东首石碑，龟座螭首，碑阳精刻康熙年间的《御制圣感寺碑文》，碑阴镌刻的是《御制香界寺碑文》，此碑为乾隆年间重修工毕之后所立的。

大雄宝殿的西侧是一方青石巨碑，碑坐四周精雕着梅鹿海马图文，碑阳为"大悲菩萨自传真像"，菩萨的面部雕着胡须。碑阴为"敬佛"两字，两字大如斗口，庄严凝重，是康熙大帝的御笔。

据有关专家考证，"大悲菩萨自传真像"是典型的明代佛教雕塑艺术珍品，其艺术风格与北京法海寺

贴金 一种古老的技艺，是中华民族民间传统工艺的瑰宝，5000多年前新石器时代中的青铜器上就出现了用黄金薄片的贴饰，至3000多年前的商代，我国贴金技术日臻成熟，而且广泛运用于皇宫贵族或佛像寺庙的贴饰，以表现其富丽堂皇或尊贵庄重。

天然盛景

八大处

■ 香界寺山门

■ 香界寺玉佛殿

阴刻 我国传统刻字的一种基本刻制方法。阴刻是将字体的每一个笔画显示在平面物体下面的一种立体线条，呈凹形状，凸出来的字是阳字。阴刻线条凹凿的处理主要展示刀和刀之间的魅力，以刀代笔，将刀的痕迹和木制纹理的质感，很巧妙、很清晰地传递在作品中。

的明代壁画一脉相承。

这幅雕像，采用的是传统的阴刻平雕手法，线条流畅，气韵传神。雕像头戴法冠，项佩璎珞，丰腮广额，唇续髭须，一派雍容华贵气象。

碑的左侧还有一篇阴刻的行草诗文。字体隽秀酣健，是清代嘉庆皇帝的御笔。

据寺僧们传说，这通石碑是康熙皇帝发现的。当年，康熙帝来香界寺礼佛，行至大雄宝殿前忽然双腿一软跪在了地上，眼前倏然浮现出了观音菩萨的音容，康熙大为惊诧，忙令僧众诵经礼忏，自己也连连念诵菩萨名号，好一阵才回过神来。

随即命人在跪倒之地挖掘，结果就挖出了这通碑，康熙更觉得灵验，于是即兴挥毫恭恭敬敬地写下了"敬佛"两字，为表深受佛法感化，便又为寺院取了个新名叫作"圣感寺"。

最后一层殿宇为"三圣殿"，殿内居中供奉着木胎贴金的西方三圣佛像。中间为西方极乐世界的教主阿弥陀佛，左右为两协侍有观世音菩萨和大势至菩萨。大殿前檐下所置铜钟，是1671年所造的，院中两棵七叶树为明代所植，已经有上百年的历史。

过三圣殿，再上18级台阶便是藏经楼院。院中楼宇为后罩楼形制，正北面的藏经楼面阔五楹，上下两层，两厢配弄楼各六间，也为两层，楼宇间木柱梁枋彩画精美、鲜艳夺目。

院中有两棵七叶树分植左右，高大繁盛，据说是从西藏移植而来，弥足珍贵。楼东是一棵茎干古朴的玉兰树，传说是明代所植。老干古拙，旁出新枝，春著繁花，晶莹圣洁，叹为奇景。

藏经楼东面有一处古朴的古建群落，这便是清代乾隆皇帝的避暑行宫，俗称"行宫院"。行宫院院门

彩画 原本是为木结构防潮、防腐、防蛀，后来才突出其装饰性。宋代以后彩画已成为宫殿不可缺少的装饰艺术。我国古建筑上色彩的分配，是非常慎重的。檐下阴影掩映部分，主要色彩多为"冷色"，柱、门额和墙壁则以丹赤为主色，与白色的台基相映衬，给红墙黄瓦一个间断。

■ 八大处香界寺内的七叶树

西向，院内栏楯相接，游廊环绕，雕梁画栋，奇石兀立，超然意趣，令人目不暇接。

乾隆皇帝曾四度幸临香界寺和行宫院，他在这里留下了许多诗篇和墨迹。

千年古刹香界寺以其巍峨壮丽的殿宇楼阁，博大精深的佛家风范而感动着一代又一代帝王显宦和文人墨客。他们不但频频往游，而且多留下了许多感人至深的不朽华章。

明成祖朱棣的重臣姚广孝在《题平坡寺》诗中赞叹：

> 平坡杳杳挹西湖，径断樵行败叶铺。
>
> 泉落石河涤愈急，云归沙树远疑无。
>
> 夜堂风静纾帷幔，晓井霜寒响辘轳。
>
> 但得余生辞世纲，卷衣来此日趼趺。

阅读链接

据《法华经》说，观世音本为男性，他是印度一位圣王的长子，名叫不昫。不昫和他的父亲、弟弟都跟随释迦牟尼出家修道。观世音又名"观自在"，观世音表明他"大悲"，观自在表明他"大智"。

菩萨有很多化身，能化现各种身相似"救苦救难"，化作女相只是其中一种。观音卧女相出现，大约始自南北朝时期。

我国佛教在隋唐时达至鼎盛，广大女性信徒需要一位接引女性的菩萨，封建社会，女性闺房中总不能挂罗汉像，当然以胸垂璎珞，发髻披霞，秀丽慈祥的女菩萨为适宜。

有人认为，女相观音的出现，说明大乘佛教不再认为"女身污垢"而排斥女性。如此依佛法而论，香界寺碑的留须观音线刻像也就虽特而不奇了。

神秘有趣的宝珠洞和证果寺

宝珠洞是八大处的一处寺院，该寺高踞于平坡山绝顶。出六处北便门，沿石阶小径西攀500米多便可到达。路边遍植黄栌和火炬等林木，春夏青翠欲滴，深秋殷红夺目。

山路忽转处，一片疏林掩映着一座红墙灰瓦的卷棚顶古建筑，这便是"老爷庙"。庙堂三开间，前拥抱厦，因高踞于山巅巨岩之上而越显得高峻突出。

该殿居中供奉关圣帝君

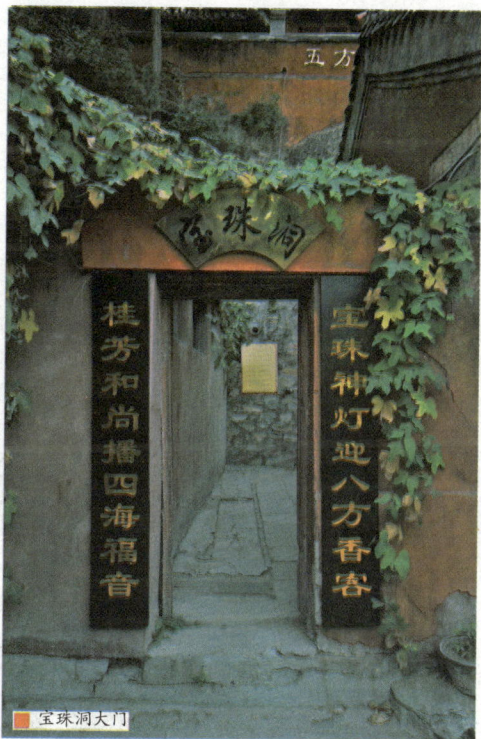

宝珠洞大门

坐像，关云长红颜长髯，金甲绿袍，威仪凛凛。周仓牵赤兔马在左，关平捉青龙偃月刀在右，都十分威猛。昔日，此庙明柱上曾垂挂一副怪联：

日昍晶䴒安天下
月朋朤䏁定乾坤

曾几何时，这联语中的几个怪字弄得无数达官显贵和墨客骚人瞠目结舌，如坠云里雾中。

传说，有一天，一位自命不凡的"大才子"慕名而至。揣摸半晌，也未能解得几个怪字的奥妙，不禁两颊涨红，低头无语。正值此尴尬之时，庙门忽开，一老僧翩然而至。

"才子"不耻请问其详。

老僧笑答："听老辈相传，上联读'日暖晶华安天下'，下联读'月朋姿罗定乾坤'，还有横批'亘

牌楼 属于我国文化的一种独特景观，也是我国特有的一种建筑艺术和文化载体，在古代多用于表彰、纪念、装饰、标志和导向，多出现在宫苑、寺观、陵墓、祠堂、衙署和街道路口等地方。牌楼是一种有柱门形的构筑物，一般比较高大，有木、石、木石、砖木、琉璃几种。

■ 宝珠洞雕刻

古一人'"。

言罢，老僧转身而去。

过关帝庙南行数步，便是一座精致的清代式牌楼。此牌楼四柱三间，歇山瓦顶，檐下斗拱纵横交错。丹青彩画富丽明快，额枋嵌汉白玉石额两方，外额题"欢喜地"，内额题"坚固林"，金光闪烁，分外醒目。匾额上都钤有硃印"乾隆御笔"。

距牌楼不远，有一巨石被半副抱厦覆盖。石面已斑驳蚀损，上存依稀行草诗文，落款处犹可辨一枚硃印"乾隆御笔"痕迹。这便是清代乾隆皇帝闲游到宝珠洞时留下的三首七言绝句。其中一首是：

■ 八大处麒麟

极顶何来洞穴深，仙风吹送八琅音。
个中疑有天龙护，时作人间六月霖。

宝珠洞规模不大，寺门朝东北，殿宇面东南。有敞亭一座，殿宇两重。院落东南是三开间卷棚顶敞亭，名叫"眺远亭"。灰墙红柱，雕枋画檀，很显富丽。临崖凭栏远眺，真可一目千里，心胸豁然开朗。

悬崖之下是观音大士殿，面阔三间，额题"诸法正观"，殿中所供如意观音像。观音殿后崖之上建有阿弥陀佛殿三间，配有两间耳房。殿内旧时曾供泥塑

卷棚顶 我国古建筑屋顶形式之一，为双坡屋顶，两坡相交处不做大脊，由瓦垄直接卷过屋面成弧形的曲面卷棚顶整体外貌与硬山、悬山一样，颇具一种曲线所独有的阴柔之美。卷棚顶形式活泼美观，一般用于园林的亭台、廊榭及小型建筑上。

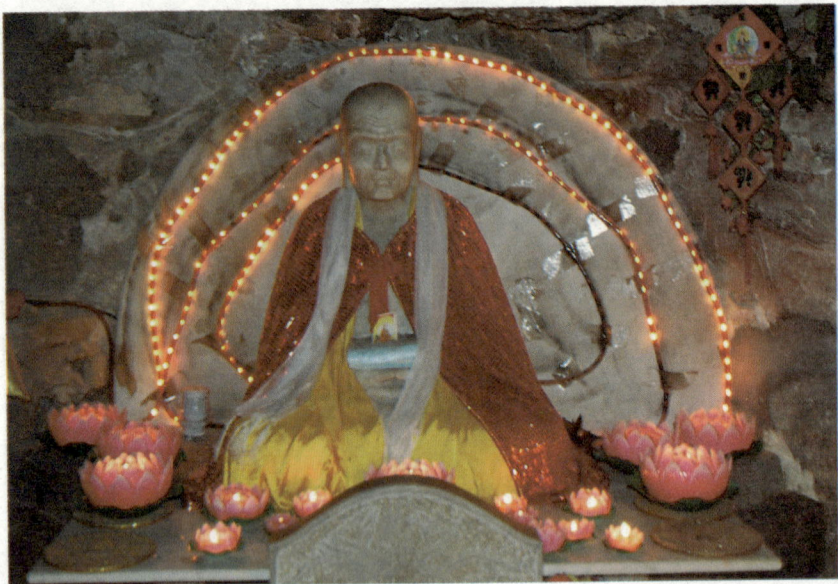

雄丽之园

北方园林特色与名园

■ 宝珠洞佛像

贴金阿弥陀佛坐像，后来改塑为三世佛立像。

　　神秘的"宝珠洞"就在观音殿后，阿弥陀佛殿下。洞高不足两米，深广3米有余。洞壁卵石粒粒，黑白相杂，晶莹光润，恰似珍珠粘连闪烁，该洞由此得名。

　　昔日，洞中曾供奉着一尊肉体真身贴金佛像，像前置一牌位，上书：

钦命赐紫圣感堂中兴第一代传临济正宗
三十三世桂芳岫翁老和尚位。

　　旁边供案上一玻璃匣中盛装其生前所穿着的缎制黄巾紫履。可惜后来无存，代之者为汉白玉石坐像。

　　桂芳海岫老和尚，祖籍河北，幼年出家白衣庵。清代康熙年间入圣感寺，精研佛理，戒行超众，深得

牌位 按照我国民间传统习俗，人逝世后其家人都要为其制作牌位，作为逝者灵魂离开肉体之后的安魂之所。牌位大小形制无定例，一般用木板制作，呈长方形，下设底座，便于立于桌之上。有的还用来祭奠神祇、佛道和祖师等。

康熙的尊重。所以重修圣盛寺后，康熙钦命他为开山第一代住持。桂芳和尚毕生功业流传有《御制圣感寺碑文》和康熙御制诗为证。

碑文写道：

> 寺僧海岫，笃实持躬，勤劳砥行，箪瓢布衲，十载经营，重新殿庑。

诗说道：

> 倏然老衲净尘缘，台殿参差起瑞烟。
> 驯鸽檐前应受戒，游鳞花下亦参禅。

桂芳海岫和尚还有一个"鬼王菩萨"的封号，北京西山一带仍流传着许多"鬼王菩萨"的故事。

诗　吟咏言志的文学题材与表现形式，汉代以后《诗》则专指我国最早的诗歌总集《诗经》。诗的题材繁多，一般分为古体诗和新体诗，如四言、五言、抒情诗、朦胧诗等。诗的创作一般要求押韵，对仗和符合起、承、转、合的基本要求。

■八大处寺庙

据说，清代乾隆年间，新疆天山南部准噶尔部霍集占兄弟策动叛乱，乾隆帝御驾亲征。扫平叛乱后，乾隆得到了小和卓木部台吉和扎麦的小女儿。因其貌美体香遂被封为香妃。但她入宫后矢志不从，最终被崇庆皇后赐死。

乾隆不忘香妃，思念成疾，御医百治不愈。宫中便怀疑是香妃鬼魂作祟。于是有人便奏请恩准桂芳和尚入宫一试。桂芳领旨后，亲率僧徒108名入宫，诵经作法七七四十九天，最终奏效。

此事一时名震京师，都传说桂芳和尚是能治鬼魂的活佛，于是乾隆便赐封他为"鬼王菩萨"。

又传说是，桂芳和尚圆寂时，是在宝珠洞中坐化的，世寿140岁，乾隆念其救命之恩前来吊唁。

但见桂芳虽死犹生，双目直视京城，恐怕有碍大清社稷安危，旋即在宝珠洞前敕建观音大士殿以遮

御医 是古代时专门为皇帝及其宫廷亲属治病的宫廷医师。御医和太医是早期国家体制下对医生职务的称谓之一，专门服务皇帝及其宫廷中的家眷，直接听命于皇帝和指定的大臣、娘娘等，间接听命于其他后妃、皇子等。

■ 证果寺建筑

其目，又在洞顶建阿弥陀佛殿以压其气。又赐额"欢喜地"和"坚固林"以示褒奖抚慰。

秋高气爽时节，出宝珠洞南角门，登临平坡山顶，确可得"绝顶远眺"的意境。紫禁城楼、永定河水、翠微山脉皆尽收眼底，万千悠思也尽随云而去。

证果寺位于密林掩映的卢师山腰，与翠微山和平坡山上的寺院隔涧相望，独领一峰之秀。

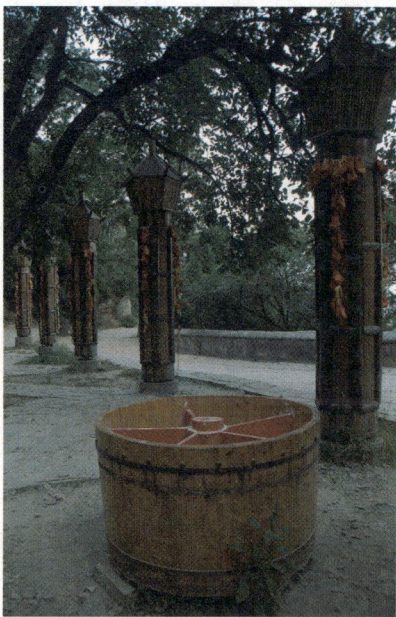

■ 宝珠洞木柱

证果寺初创于749年，已有1200多年的历史了，是京城最为古老的佛教寺院之一。证果寺坐北朝南，全寺殿宇分为三组，中路由南向北分别为山门殿、天王殿和三世佛殿。东部是方丈院，西部是秘魔崖和其他附属建筑。

山门左近有一方深池，青条石围砌，宽广丈余，名叫青龙潭。青石券顶，额镌"阿耨达流"四字梵语，意思是"能觉知一切真理"。

多雨时节，潭水常溢出池口，冰凉可口。

过青龙潭沿石板路上行百余米即可望见山门殿危耸于20余级青条石阶之上，气势逼人。殿额石刻"古刹证果寺"是明英宗朱祁镇御笔。阶西一棵数百年古槐长势奇伟，荫蔽广阔，左右两通龟趺螭首石碑均为后来清代道光年间所立的。

西碑《镇海寺旧碑记》铭文为当朝内阁大学士、

大学士 又称"内阁大学士"、"殿阁大学士"等。明成祖选翰林等入职文渊阁，参与机务，称为内阁，有人便逐渐升为大学士，但品阶只有正五品。明仁宗增置谨身殿大学士，后大学士常兼任尚书，地位尊崇，为皇帝起草诏令，批答奏章，虽无宰相之名，却有宰相的实权，号称是"辅臣"。

翰林 皇帝的文学侍从官，翰林院从唐代开始设立，开始为供职具有艺能人士的机构，但自唐玄宗后演变成了专门起草机密诏制的重要机构，院里任职的人称为翰林学士，明清时期改从进士中选拔。

著名书法家祁隽藻所书。东碑《中兴秘魔崖证果寺十方住持缘起碑》为当年的著名高僧崇理呆鉴撰文，南书房翰林、著名书法家程恩泽手书。

《镇海寺旧碑记》详细记述了一则卢师降龙的生动传说。

说是唐朝天宝年间，一位姓卢的居士年迈辞官后一心只想修禅，于是便自造一艘独木小舟，孤身一人从江南乘舟北下，不用篙橹，任意小舟随波逐流，数日后漂到了桑干河方才止住。

卢居士便弃舟登岸，见四周山色非比寻常，又见秘魔崖下洞空如室，欣然叹道："此吾居也！"，于是稍事清扫，入室梵修。

又说是，很久以前，黄河龙门有两青龙潜匿，不时喷妖气为害。大禹治水经过龙门，一怒之下用神锹铲除龙窝，二龙争斗不过，悻然逃至苦海幽州，隐藏在秘魔崖下青龙潭中修炼。

后见卢居士到来，心中大怒，决定与之较量一番。

一天傍晚，天空忽然阴云密布，风雨大作，两条雨柱瓢泼而降，直逼秘魔崖。

卢居士正在小睡，惊醒时已经浑身透湿。仰头一看，是两条孽龙正在空中喷云吐雾，便顺手拿起一个铜钵置于案上，一通咒语将雨水

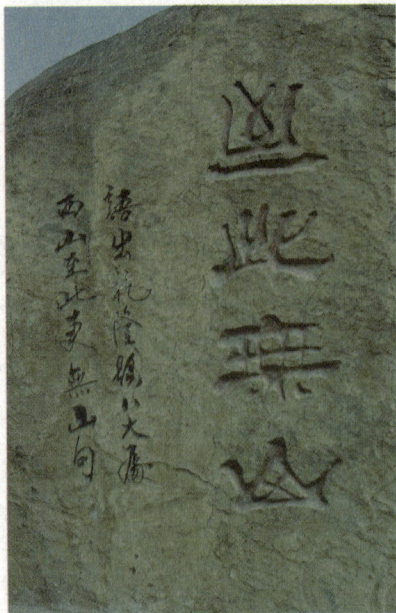

■ 八大处"出此无山"石刻

■ 八大处证果寺

尽收钵中，又向铜钵吹气三口，那铜钵便霍地腾空而起，直向孽龙飞去。

一声霹雳，钵水炸开，只打得二龙抽筋拔骨般地疼痛，顿时跌入潭中。

没过几日，忽有两童子前来拜师，愿为沙弥，以担柴烧饭侍奉卢居士，卢居士收下两童子。

后来适逢连年大旱，皇帝颁诏聘请能祈雨的人，两童子揭下皇榜，回至寺中，纵身跃入青龙潭，化作两条青龙腾入空中广播云雾，普降甘霖，旱情顿解。

原来，两童子就是那两条孽龙，因受佛法感化才弃恶从善，行云化雨。卢居士也因此名震京师，被皇帝诏封为"感应禅师"，又赐封其所居之山为"卢师山"，更勅建了感应禅寺以表彰卢居士勋德。

山门殿内是新塑的"哼哈"二将立像，表情十分威猛。大雄殿内现供新塑的"横三世佛"，正中是释

禹 姒姓，夏后氏，名文命，号禹，后世尊称其为大禹。他是夏后氏首领、夏朝第一任君王。他是我国传说时代与尧、舜齐名的贤圣帝王，他最卓著的功绩，就是历来被传颂的治理滔天洪水，又划定我国国土为九州。大禹为了治理洪水，长年在外与民众一起奋战，置个人利益于不顾，治水13年，耗尽心血与体力，终于完成了这一件名垂青史的大业。

抱厦 围绕厅堂、正屋后面的房屋。顾名思义，在形式上如同搂抱着正屋和厅堂。宋代管这样的建造形式的殿阁叫"龟头屋"，清代的叫法就是"抱厦"。在主建筑之一侧突出一间或三间，由两个九脊殿丁字相交，插入部分叫抱厦，十字相交的叫十字脊。

迦牟尼佛，左为阿弥陀佛，右为药师佛。东跨院是方丈院，院内假山瘦劲玲珑，花草林木掩映扶疏，环境幽雅异常。

院外皆为坡地，松涛滚滚，凉风习习，更可环顾林壑峰峦之美，是夏日避暑胜地。西部是一组园林式建筑，地势低迥，狭长曲折。院前殿堂三楹，前出抱厦，旁配耳房，清雅别致。殿东开一宝瓶石门，上面雕饰着蟠龙莲花图案，门边刻着唐人常建的名句：

曲径通幽处，禅房花木深。

过石门是一宽敞庭园，园内翠竹茂密，竹边是一座名为"环中环"的青石假山，雄奇浑厚。再沿曲径北行不远，眼前豁然开朗，但见一黝暗巨岩横空斜出，状若怒狮之口，这便是饮誉千秋的秘魔崖。

■ 证果寺假山

崖下是一天然石室，崖壁间刻有"天然幽谷"和"别有洞天"等字。临崖有"招止亭"一座，内墙嵌石刻一方，上镌《秘魔崖招止亭记》，婉述坐观秘魔胜境之感怀，作者袁翼，书者袁毓麟。

登上招止亭览胜，或于清晨，或在傍晚。清晨可得旭日金辉染醉千树的"高林晓日"，傍晚可得五彩云霞笼罩下的"卢师夕照"。

后人田树藩所著的《西山名胜记》中写道：

秘魔崖风景雅洁无比，游人每多流连。文人观赏题壁，触动诗情，到此更难舍去。

秘魔崖上的题壁诗原来不下百余首，皆为鸿儒绝唱，然却终为风雨所磨蚀，唯余翁同龢、宝竹坡及林琴南等聊聊数首。

阅读链接

在道教中关羽也称"关圣帝君"，简称"关帝"，本为道教护法四帅之一，后来将他作为财神来供奉。关羽的职能除了"治病除灾，驱邪辟恶，诛罚叛逆，巡察冥司"，还有"司命禄，庇护商贾，招财进宝"，又因其忠义，故被奉之为财神。

因为商人认为有三：

一是说关公生前十分善于理财，长于会计业务，曾设笔记法，发明日清簿，这种计算方法设有原、收、出、存四项，非常详明清楚，后世商人公认为会计专才，所以奉为商业神。

二是商人谈生意做买卖，最重义气和信用，关公信义俱全，故尊奉之。

三是传说关公逝后真神常回助战取胜，商人就希望有朝一日生意受挫，能像关公一样，来日东山再起，争取最后成功。这种信仰在清代，被各行各业所接受，对其顶礼膜拜尤盛。

底蕴深厚的八大处古刹

灵光寺佛牙舍利塔

灵光寺创建于唐大历年间，灵光寺坐北朝南，纵向布局。南部为大悲院和金鱼池院，北部分别为方丈院、塔院、居士院和大雄宝殿。

灵光寺宝塔巍峨，殿宇宏丽，古木参天，游廊迤逦。更有流泉飞瀑临崖垂泻，锦鳞追逐游戏莲池，钟磬悠悠，香烟袅袅，景致分外迷人。

山门殿面朝东南，高耸于数十级石阶之上，朱漆门窗，金黄瓦顶，玉砌雕栏，

■ 五百罗汉花岗岩浮雕

铜钟铁鼎，一派富丽堂皇。廊檐之下高悬一方巨匾，上有"佛牙舍利塔"五个贴金大字，书法敦厚凝重。

步入殿门，可见幡幢高垂，锦绣精美，雕案俨然，法器琳琅。泰国已故僧王赠送的铜胎贴金巨制释迦牟尼佛像，居中供奉，仪态肃穆安详。

出山门殿后门便是塔院，在苍松翠柏的拱卫之中，一座雄伟壮丽的宝塔巍然屹立，这就是佛牙舍利塔。塔底是用汉白玉石铺砌的塔基、围栏和灯龛。中部镶嵌着青白石雕花门窗，上部是八角红砖塔身和13层碧瓦密檐，顶部是施金120两的鎏金宝瓶。

此塔内七层阁室，底层是碑室，二层为佛牙舍利堂，堂顶装朱底贴金蟠龙藻井。雕花彩绘画屏前设金刚宝座，座上以纯金七宝金塔供奉释迦牟尼佛灵牙舍利一颗。供案之上摆设各类贡品，再上五层是珍藏各种经书和法器的阁室。

蟠龙 是指我国民间传说中蛰伏在地而未升天之龙，龙的形状作盘曲环绕。在我国古代建筑中，一般把盘绕在柱上的龙和装饰在梁上、天花板上的龙均习惯地称为蟠龙。传说中，蟠龙是东海龙王的第十五个儿子，他时常偷跑到人间游玩，当他看见人间遭遇干旱，他使用法术帮助人们，从而得到人们的敬仰。

铭文 又称"金文"、"钟鼎文"，指铸刻在青铜器物上的文字，与甲骨文同为我国的一种古老文字，是华夏文明的瑰宝。它不单单是判断青铜器年代的最重要标准，更是器物形制及纹饰方面的标准。古人在青铜礼器上加铸铭文以记铸造该器的缘由、所纪念或祭祀的人物等。

雄丽之园

北方园林特色与名园

心经壁宽30米，高7米。基座是花岗岩，墙面为青白石，顶部以绿琉璃瓦覆盖。经墙上为《般若波罗蜜多心经》，260个贴金行楷大字，字字禅风道骨，句句沁血殚精，使人叹为观止。

罗汉墙宽25米，高8.3米，通体为花岗岩雕砌。墙分五层构造，底层为基座，顶层为廊檐，二四层分别为吉祥图案，第三层为核心，是五百罗汉图，综观罗汉图，其人物、鸟兽、花木、天梯、楼阁、祥云林林总总，个个栩栩如生，呼之欲出，是不可多得的佛教雕塑艺术珍品。

在灵光寺塔院与鱼池院之间是一座五楹丹漆大厅，叫作"归来庵"。此厅北依青松，南临莲池，西接悬瀑翠竹，东延画廊古藤，四外风景如画。庵的主人名端方，号陶斋，清代光绪年间曾做过三地总督。最终因有违大清仪轨被免职，之后便到八大处建

■ 北京八大处公园
心经壁

宅隐居。常以"箧有三
山记；胸藏五岳图"和
"爱读秦碑兼汉篆；好
写奇字到名山"自慰。
昔日里，归来庵里曾张
挂过许多文词典雅、书
艺超绝的名人联语，鉴
赏者无不为之陶醉。

归来庵南是一长方
水池，一座小巧玲珑的汉白玉拱桥将其一分为二。桥
东是辽招仙塔残基和一架明代古藤，桥西连一座四角
攒尖顶敞亭，亭上悬匾"水心亭"。

■ 八大处亭子

若值夏日，亭西峭壁悬瀑飞泻，亭外清池睡莲依
依，池中锦鳞穿梭嬉戏，一派生机勃勃的景象。

这个方池原来是放生池，是清代乾隆年间建造
的，咸丰年间又将池水扩大，放进了许多锦鲤。清代
光绪年间，慈禧曾幸临灵光寺。

据说，一个夏末秋初的傍晚，慈禧来到水心亭观
鱼，鱼儿们似通灵性，都聚拢在慈禧面前欢蹦乱跳，
慈禧一时兴起，呼唤随行的太监潜入水中捉起一条最
大的金鱼，摘下纯金耳环戴在鱼鳃上面，封这条鱼为
"领头"。

僧人见此喜出望外，把这条鱼看作是圣物，日后
便精心饲养起来。此事口口相传，"水心亭观鱼"遂
成为灵光胜境中的一大趣事。

金鱼池东岸有一座古塔残基，这就是始建于1071

鎏金 我国古代
劳动人民在生产
劳动中总结创造
的工艺，始于战
国，是把金和水
银合成的金汞
剂，涂在铜器表
层，加热使水银
蒸发，使金牢固
地附在铜器表面
不脱落的技术。

攒尖顶 即攒尖
式屋顶，宋朝时
称"撮尖"、"斗
尖"，清代称
"攒尖"，是我
国建筑的一种屋
顶样式。其特点
是屋顶为锥形，
没有正脊，顶部
集中于一点，即
宝顶，该顶常用
于亭、榭、阁和
塔等建筑。攒尖
顶有单檐、重檐
之分。

砖雕 我国古建筑雕刻艺术及青砖雕刻工艺品，由东周瓦当、汉代画像砖等发展而来。在青砖上雕出山水、花卉和人物等图案，是古建筑雕刻中很重要的一种艺术形式。主要用来装饰寺、庙、观、庵及民居的构件和墙面。

年的画像千佛塔遗迹。原塔13层，通体洁白，十分壮观，但最终却在一场劫难中被炮火摧毁。

第二年，承恩寺的住持圣安和尚率僧重修灵光寺。一天，忽然在塔基的瓦砾中发现了一个石函，打开函盖又见到一个沉香木匣，匣盖上有铭文：

释迦牟尼佛灵牙舍利，天会七年四月廿三日记，善慧书。

圣安当众开启木匣，果然发现佛牙一颗。于是将佛牙舍利供奉于灵光寺禅堂。古塔虽坏，残基犹存，足堪凭吊。

南行数步，穿过月亮门便是大悲院。院中是大悲阁，阁中旧时供奉铜铸千手观音一尊，后来被木雕千手观音所取代。阁前有碑两通，还有古楸树两棵。

■ 八大处灵光寺卧佛殿

■ 大悲寺

大悲寺原名为"隐寂寺"，创建于宋辽时代，该寺独处丛林深处，层层殿宇依山势递升，错落有致，山门南向。大悲寺的首层建筑是山门殿，硬山正脊灰筒瓦顶。檐下饰有丹青彩画，殿脊正中装饰"百鸟朝凤"砖雕图案。

正檐下嵌有一方汉白玉寺额，上面镌着"敕建大悲寺"五个大字，是清代康熙皇帝御笔。寺额下是汉白玉券门，自下而上对称浮雕白象、雄狮、腾龙和翔羊。

门楣正中雕饰着三尊神像，正中一尊人面鸟喙，是佛经中大鹏金翅鸟的应化形象。券门两旁是石雕花窗，饰有夔龙和忍冬草花纹，优美而庄重，两侧正脊门楼造型也很精致。

山门殿内居中是"大肚弥勒佛"坐像，眉眼如月，笑口常开，洋溢着一团喜气。四大天王分列左

脊兽 我国古代建筑屋顶的屋脊上所安放的兽件。它们按类别分为跑兽、垂兽、"仙人"及鸱吻，合称"脊兽"。其中正脊上安放吻兽或望兽，垂脊上安放垂兽，戗脊上安放戗兽，另在屋脊边缘处安放仙人走兽。有严格的等级意义，不同等级的建筑所安放的脊兽数量和形式都有严格限制。

匾额 我国古建筑的一个必要组成部分，是古建筑的眼睛。一般来说，人们用于表达经义和感情的属于匾，表达建筑物名称和性质的属于额。所以，匾额就是悬挂在门屏上的一种装饰物品，用来凸显建筑物的名称和性质，是人们表达义理和情感的一种文学艺术形式。但也有人认为，横着的叫"匾"，竖着的叫"额"。

右，个个身披甲胄，手握法器，怒目圆睁，威风凛凛。

过山门北上，可见阶旁两池翠竹，黄皮绿叶，婆娑有声，十分可人。传为明代所植，原产于江南。

二重殿宇是大雄宝殿，殿脊正中饰"二龙戏珠"砖雕图案，两龙鳞爪分明，呈飘然欲飞之势，实为超绝之作。脊端的鸱吻和檐头的脊兽也不失脱俗之处，殿内居中供奉着释迦牟尼佛，胁侍为阿难和迦叶两大弟子，"十八罗汉"分列于两厢。

大雄宝殿中的十八罗汉均端坐于云石之上，悉心谛听释迦牟尼讲经说法，或若有所思，或舞器作法，个个活灵活现，堪称旷世之作。

这里的十八罗汉雕像之所以不同凡响，是因为其作者是我国元代最为著名的雕塑家刘元。据《中国人名大辞典》记述：刘元，字康元，拜尼泊尔雕塑家阿

■ 八大处大悲寺大雄宝殿

尼哥学塑印度佛像，造诣称绝。

■ 八大处四处大悲
寺钱眼

当时京都名刹中所塑的佛像均出自他手，神韵逼真，天下称颂。他亲手所塑三皇雕像精湛绝伦，深得皇帝赞赏，两度御赐宫女为妻，并擢升官职为昭文馆大学士。由此可见刘元当时所取得的成就和地位。

更为奇异的是，这十八尊罗汉像的胎体是用檀香木粉掺和细砂精制而成，飘散着沁人心脾的檀香。

大雄宝殿后面是大悲殿，此殿建于明嘉靖年间，面阔五间，檐下悬"悲源海"匾额。

抱柱联为：

> 不动道场东方成坵墟
> 琉璃世界西向现弥陀

殿中供奉一尊观音大师的彩雕坐像。表情悲天悯人，如同慈母。

海棠 海棠花妖娆艳丽"其花甚丰，其叶甚茂，其枝甚柔，望之绰如处女"因而被人称为"花中神仙"。以玉兰花、海棠花、牡丹花寓意为"玉堂富贵"。若图案为五个柿子和海棠花，则带有了"五世同堂"的寓意。

最后一层殿宇是药师佛殿，结构布局和油漆彩画为清代官式的做法。殿貌富丽而庄严，殿内供奉着药师佛、日光遍照菩萨和月光遍照菩萨，12尊药叉神分列两边。这15尊神像内胎皆为香樟木，外表以足金贴饰，庄严华贵。

大悲殿前有两棵古老的银杏树，夏日枝繁叶茂，浓荫可蔽庭院，深秋时节黄叶纷落，碎金满地，这两棵雄性的白果树已有700余年的高龄了。

大悲寺后有一条浅沟，沟里丛生着一片野海棠，夏日花开时绯红满谷，甚是可爱。这里曾发生过一个发人深省的故事。

据说在清代康熙年间，谷中有一眼山泉常流不涸，引得两匹金骡驹夜夜来此畅饮。一个贪人得知此事，便一连三年来此拴取。

一天夜里，金骡驹果然又来了，贪人急忙抛出绳索套住了一匹，不料那驹子力大无比，竟将那贼人拖下悬崖活活摔死了。

于是，两块形似金骡驹的山石就静静地卧在谷中，相传是大悲寺中的高僧施展法术后的遗物。

大悲寺内的古树

三山庵创建于1511年，山门面朝东北，是一座布局精巧，构筑工美的四合院落。山门殿为三开间，左右各开角门一扇，正殿五楹并配有耳房两间，两配殿门户相对分列于正殿两厢。

山门殿悬额"三山菴"，垂联"翰墨因缘旧；烟云供养宜"，正殿悬额"是大世界"，联题："慈目静心法相；和风甘雨祥云"。

东配殿外有一敞轩与其后门相连，两方横匾分悬于内外两额。内额题"建阳半幅精舍"；外额题："翠微入画"，为乾隆第六子永瑢题书。轩柱有联写道：

远水近山澄雾色
清风明月净禅心

这里，地势豁朗，视野开阔，临轩远眺，玉泉山塔，昆明湖水，紫禁城楼皆可尽收眼底。"春山杏林"、"虎峰觅翠"、"深秋红叶"和"层峦晴雪"等四季景致不时扑面而来。

人在三山庵，胸襟顿觉开阔，感慨何止万千。自

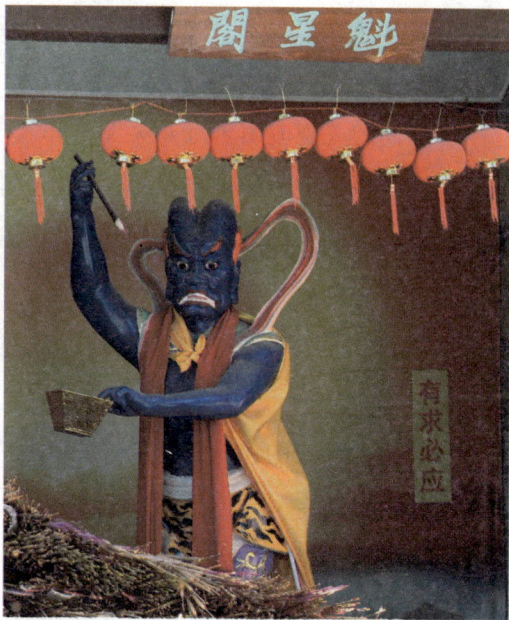

■ 三山庵魁星阁

紫禁城 是我国明清两代24个皇帝的皇宫。明朝第三位皇帝朱棣登上帝位后，迁都北京，开始营造紫禁城宫殿。依照我国古代星象学说，紫微垣位于中天，乃天帝所居，天人对应，所以皇帝的居所又称为"紫禁城"。

古以来，多少文人墨客皆为三山庵诗情画境所倾倒而留下不可胜数的诗文画卷。

有明代的《观流图》、《观泉图》和《观月图》，还有清代的《灵光指径》、《香界重游》和《乾隆松石流泉闲坐图》等。

文墨者如此，佛门中的高僧大德对三山庵更是情有独钟。最著名的当数深得乾隆皇帝尊崇，得赐紫袈裟，得封"阐教禅师"尊号的贤首宗高僧达天通理禅师。他曾隐居在此注疏《法华经》和《楞严指掌疏》。

后来，大钟寺的住持海峰源亮法师曾在三山庵居住疗养，并同著名的禅师崇理杲鉴一起共倡重修八大处证果禅林。

三山庵所占虽小却内藏珠玑，确是当时独领"三山"，名动宇内的"是大世界"。

长安寺又名"善应寺"和"善应长安禅林"，始建于明代弘治年间，后经清代顺治、康熙的两度重修，堂阁寮舍日臻完善，佛像器属一应具备，成为明清时期西山诸寺中的一座名刹。

北京八大处公园龙泉井

三山庵建筑

寺朝东向，两进四合。有正殿三楹，由东向西依次为伽蓝殿、三世佛殿和观音殿。配殿30间，分列于正殿两厢。两院由三世佛殿左右两月亮门贯通，布局严谨和谐，建筑精良宏丽，既有明代建筑特色的遗风，又为清代建筑官式作法的典范。

长安寺院中空地旧时曾是果园菜圃，后被补种了紫荆、紫薇、玉兰等珍稀花木。花季时节，入寺作闲庭信步，百花争艳景象常使人流连不已。

三世佛殿前有两棵奇松，虬根霜杆，枝繁叶茂，传说是元代的铅松，据说有"松树大仙"的美称。

据明代万历年间的大学士余有丁描述：

寺中四松最奇。门列天兵十、状极诡异。庑下有五百罗汉。

此为长安寺初创时的风貌。又据明代崇祯间的史籍《帝京景物略》记载："善应寺，殿佛不结趺，高几危坐，仪如中土，两庑塑罗

八大处之龙泉庵

汉五百，穿崖踏海，游戏极态。"

明末清初时，在后拉龙泉庵的位置上并存着两座寺院。一为慧云禅林，一为龙王堂。前者建于明代洪熙年间，后者建于清代顺治年间，道光年间将两寺合二为一。

龙泉庵坐西朝东，寺门为硬山正脊门楼，青石匾额上刻着"龙泉庵"三字。进入寺门便是一雕栏方池，池壁以青石围砌，分外坚固洁净。池中碧水盈盈，清澈可鉴。

它源自龙王殿下的拱形石洞，又经方池西壁石龙头口泻出，细流如注，经年不息。这水便是远近闻名的"龙泉"。

这"龙泉"之水甘醇清冽，无半点污尘。昔日有位自号"锄月老人"的隐士曾作过一首七言古风《甜水歌》赞美这龙泉庵里的"龙泉"水，《甜水歌》一下子传唱遐迩，"龙泉水"一时间名动京城。

院西有殿堂三楹，前有卷棚抱厦一间。殿厦构造都很精良别致。

厦下有抱柱联写道："镇蛟鼍依泽国，德施江海赖安澜。"

殿门外有联语是："圣德施恩涤雨露；神威乘泽仰云霄。"

殿内供着泥塑彩绘龙王雕像，面呈威严，貌若帝王。旁边分列雷公、电母、风伯和雨师等群像，也都十分生动传神，这殿便是"龙王堂"。

龙泉庵北部是另一组殿堂，由东向西依次为文昌阁、大雄殿、卧游阁和祖师堂。

文昌阁正门朝东，前悬横匾"俯瞰大千"，后悬横匾"得月先"。殿内供奉"伽蓝神"关公坐像，长髯飘飘，威风凛凛。

大雄殿面阔三楹，檐下匾额题写着"灵通宇宙"，抱柱联语为："佛德巍巍丽中天之杲日；慈风荡荡振大地之春雷。"

黑底红字，庄严醒目。大殿之中莲花宝座之上供释迦牟尼坐像，左右是阿难和迦叶尊者。

大雄殿与文昌阁之间，南首西边是"妙香室"，东边是"听泉小榭"。小榭为敞厅式，精巧别致。檐下横匾书"听涛山房"，柱间有"当户老松生夕籁；满山红叶入新诗"木制楹联。

"小榭"南门外还有一副联语："溪声尽是广长舌；山色无非清净身。"

语出佛典《陀罗尼经》，极尽龙泉庵溪声山色之妙。

大雄殿北边为"闻妙香院"，院内多植珍珠梅等花木，尤其是两架古藤萝，春夏之交，绿叶垂条，紫英缤纷，生机无限。若能约三五知己于藤荫之下聊作小酌，确有恍入仙境之感。

清代康熙年间著名诗人汪文柏曾赋七律诗一首以记龙泉庵之胜：

松底澄池汇伏泉，苍髯偃盖镜中悬。
一泓湛碧浮金鬣，几树微黄蜕暮蝉。

七律 即七言律诗的简称。每首八句，每句七字，共56字。一般逢偶句押平声韵，第一句可押可不押，一韵到底，当中不换韵。律诗的四联，各有一个特定的名称，第一联叫"首联"，第二联叫"颔联"，第三联叫"颈联"，第四联叫"尾联"。按照规定，颔联和颈联必须对仗，首联和尾联可对可不对。

■ 八大处石碑

云锁磬声僧闭户，日移刹影客笼鞭，

茗芽细泼真甘冽，归带余香在舌边。

清代乾隆帝也曾幸临龙泉庵并作《御制龙王堂》诗：

古庙山坳里，披榛磴道赊。

树生刹竿石，鸟啄净橱沙。

水府石林秘，香台花雨斜。

所希惠时若，霈泽始京华。

龙泉庵西倚平坡山，南临翠微谷，院落之中松高柏巨，气爽风凉。又有龙泉之水叮咚流泻，四时不歇，其幽雅清静可堪八刹第一。

阅读链接

在大悲寺流传着一个黄金炕的故事。这个故事是因白果树而起。而且在大悲寺前也有两棵银杏，是雌性的，只不过是被一场大火烧掉了。这是怎么回事呢？

原来，在大悲寺前那片空地上，每至深秋，两棵雌性银杏就结出密密麻麻的白色果实，那些像巴掌大的叶子由绿变黄，随着阵阵秋风一片片飘落在地上，很快就积了厚厚的一层，煞是好看。于是人们就把这块树叶铺成的空地叫"黄金炕"。

有一天，一个小孩在"炕"上玩耍时从树叶里摸出一个小铜钱来，就认为是菩萨保佑，一传十，十传百，人越来越多。

一天，一位老汉坐在黄金炕上抽烟，一不小心，烟火落在松软的树叶上，引起了一场大火仅烧掉了银杏树。

大明湖

　　大明湖是山东省济南市三大名胜之一，是繁华都市中一处难得的天然湖泊，也是泉城重要的风景名胜。早在唐宋时期，大明湖就以其撼人心弦的美景而闻名四海。"蛇不见，蛙不鸣，淫雨不涨，久旱不涸"为大明湖的四大怪，被称为"中国第一泉水湖"。

　　大明湖景色优美秀丽，湖上莺飞鱼跃，荷花满塘，画舫穿行；岸边杨柳荫浓，繁花似锦，游人如织。其间又点缀着各色亭、台、楼、阁，远山近水与晴空融为一色，犹如一幅巨大的彩色画卷。

大明湖的形成与规模

大明湖是一个由城内众泉汇流而成的天然湖泊，面积甚大，几乎占据了当时整个城区的四分之一，流经这片区域的诸泉在此汇聚后，经北水门流入小清河。

大明湖

大明湖湖面46万平方米，公园面积86万平方米，湖面约占53%，平均水深2米左右，最深处约4米。"蛇不见，蛙不鸣"和"淫雨不涨，久旱不涸"是大明湖的四大独特之处。

我国北魏时期的地理学家郦道元，在他的《水经注·济水》卷中写道大明湖：

泺水出历县故城西南……其水，北为大明湖，西即大明寺，

寺东、北两面侧湖，此水便成净池也。池上有客亭，左右楸桐负日，俯仰目对鱼鸟，极水木明瑟，可谓濠梁之性物我无违矣。

■ 大明湖

寥寥数语把大明湖的幽静景色描绘得淋漓尽致。

趵突泉水北流入大明湖，大明湖上建有客亭，客亭左右植有楸树、梧桐树，树冠可以背遮阳光。人们在此俯身可见池中的游鱼，举头可观树上的鸟雀，人和环境交融在一起。唐代诗人杜甫青年时期，曾两度东游齐鲁。

745年，诗人杜甫游历济南，适逢北海太守李邕至济，李邕在古历下亭设宴款待杜甫和济南名士，杜甫遂作《陪李北海宴历下亭》诗，其中的"海右此亭古，济南名士多"两句，传诵千古。

李邕作《登历下古城员外新亭》，诗写道："负郭喜粳稻，安时歌吉祥。"

郦道元（约470年—527年），北朝北魏时期的地理学家和散文家。他博览奇书，幼时曾随父亲到山东访求水道，后又游历秦岭、淮河以北和长城以南广大地区，考察河道沟渠，收集有关的风土民情、历史故事、神话传说，撰《水经注》40卷，既是一部内容丰富多彩的地理著作，也是一部优美的山水散文汇集。

■ 济南大明湖历下亭

历山 即"千佛山",相传上古虞舜帝为民时,曾躬耕于历山之下,因称舜耕山。千佛山是泰山的余脉,海拔285米,占地166.1公顷,位于济南市中心南部,与趵突泉、大明湖并称济南的三大景观。

据考证,古历下亭,就是上文《水经注》中提到的客亭,称之为"古大明湖"。

北魏至唐代的几百年间,老城西北一隅也有一片水域,在《水经注》中称其为"历水陂",这就是北魏至唐的大明湖。陂者,池塘也,可见当时的大明湖水域并不大。

历下亭在大明湖中小岛上,因南临历山而得名。历下亭历史悠久,历经沧桑,位置多有变迁。

北魏时在五龙潭处,郦道元在《水经注》中将之称为"客亭",是官家为迎宾接使所建,唐代初期更名为"历下亭"。

据《旧唐书》记载,天宝初年,齐州曾改为临淄郡,故此亭当时也称"临淄亭"。杜甫在《八海右古亭历下亭哀诗》中有"伊昔临淄亭"的诗句。

唐朝末期，历下亭渐废。北宋曾巩在齐州任职时，将亭重建于州宅后。之后，屡有兴废。

至后来的清朝初期，山东盐运使李兴祖购买乡绅艾氏的地产在大明湖重建。其规模比以前宏大，坐北朝南，檐额为"古历亭"。竣工后，又在亭西偏南，筑土垒石，建轩宇三间，轩西为宽阔的水域，晴空下，天光水色，一片蔚蓝，故题额"蔚蓝轩"。后来内立1748年乾隆皇帝《大明湖题》诗碑。

此后，历下亭的规模和形制又有变异。亭矗立在岛的中央，八角重檐，攒尖宝顶，红柱青瓦，斗拱承托，饰以吻兽，蔚为大观。

亭身空透，檐悬清代乾隆皇帝书写的"历下亭"匾额，内设石雕莲花桌凳。

亭北为"名士轩"，是历代文人雅士宴集之地。

吻兽 龙生九子之一，平生好吞，也就是殿脊的兽头之形。这个装饰一直沿用下来。在古建中，"五脊六兽"只有官家才能拥有。这种泥土烧制而成的小兽，被请到皇宫、庙宇和达官贵族的屋顶上，俯视人间，真有点"平步青云"和"一人得道，鸡犬升天"的意味。

■济南大明湖蔚蓝轩

该轩坐北朝南，面阔三间，匾额"名士轩"。轩内西壁，嵌唐天宝年间北海太守、大书法家李邕和大诗人杜甫的线描石刻画像。东壁嵌有清代诗人、书法家何绍基题写的《历下亭》诗碑。

整个岛上，亭台轩廊，高低错落，花木扶疏。春天，修竹婆娑，翠柳笼烟；秋日，湖水荡漾，荷花溢香，凉风徐徐，令人心爽，被称作"历下秋风"，为古时济南的八景之一。

据史书记载，在820年，济南进行了大规模的扩建，沿护城河到大明湖北岸一带修筑了高大的城墙，因当时城西有古大明湖，城北有鹊山湖，筑城用土只能在城墙内挖掘。

城墙筑好后，形成了城内北部和西部地区大片低洼地，加之湖底由不透水黏土和火成岩构成，于是城中诸泉水在此汇集潴积，形成大片水域，大明湖开始形成。

阅读链接

古时候，在济南的北郊有个大明国寺。寺内殿宇雄峙，亭阁林立，每天经声佛号，响遏行云，看上去极为庄重、排场。然而寺内的和尚却不守教规，勾结官府，欺压百姓。

传说有一个官人的母亲病了，官人的妹妹至爱至孝，便要去大明国寺为母亲烧香许愿，官人说什么也不同意。妹妹为治好母亲的病，每天晚上都偷偷地朝大明国寺的方向烧香祈祷，一月之后，母亲的病果然好了。

妹妹决心到大明国寺还愿，几个小和尚见这女子长得年轻漂亮，随起歹心。

官人得知后，抄起大刀，奋力向大明国寺追去，刚到大明寺附近，突然天空乌云滚滚，狂风大作，一声霹雳，顿时天塌地陷，大明国寺就这样沉入了地下。接着从地下冒出一片水，形成了一个很大的湖泊，就是大明湖。

唐宋及后世的发展和改造

　　唐宋时期，大明湖的水域不断扩大，湖的东、西、北三面可至州城墙基，南面包括百花州并和濯缨湖相连。据考证，当时的濯缨湖水面相当宽阔，几乎覆盖了当时济南的北部大部分地区。

■ 大明湖石碑

■ 大明湖汇波楼

雄丽之园

北方园林特色与名园

太守 原为战国时代郡守的尊称。西汉景帝时，郡守改称为"太守"，为一郡最高行政长官。历代沿置不改。南北朝时期，新增州渐多。至隋初遂存州废郡，以州刺史代郡守之任。此后太守不再是正式官名，仅用作刺史或知府的别称。明清时期则专称"知府"。

李白曾游历济南，泛舟鹊山湖，并写下了《陪从祖济南太守泛鹊山湖三首》，描绘鹊山湖"湖阔数十里，湖光摇碧山"。

当时大明湖的东部还没有形成宽阔的水面，水域和陆地相间，到处是被杂草遮蔽的荒凉的地方。由于济南地势南高北低，来自于南部山区的雨水和城内泉群的水流，常常毫无节制地宣泄城北，形成水患。

至北宋时期，大明湖开始整治，特别是曾巩知齐州期间，为防水患，进行了筑堤、疏水和挖渠等水利工程，大明湖基本成形。

曾巩字子固，江西南丰人，在宋神宗熙宁年间任齐州知州两年，在任期间，对济南的地理状况进行考查，对大明湖水域进行了系统的治理。

首先为了调节大明湖水，在其北部修建了北水门，因众泉汇流，从北水门泄出，故名"汇波门"。

门上可供行人往来，所以也叫"汇波桥"。

城门规模和样式的一般的古城门差不多，所不同的是门洞下面不是大路而是水路。门洞的偏北设有水闸，以便宣泄城内积水，保持水位的平衡，并防止城外积水倒灌入城，从根本上解决了城北的水患问题。大明湖所以淫雨不涨，就与北水门调节水量有关。

紧接着，在水门上建"汇波楼"，面阔七间两层，翼角悬山，吻兽栩栩如生，风铃铿锵扬韵。四周白杨簇拥，如众星捧月。

楼建成后，元代的散曲大家张养浩为之作记写道"盖济南形胜，惟登兹楼，可得其全焉"，并咏《登汇波楼》诗，赞美这里的景色：

何处登临思不穷，城楼高倚半天风。
鸟飞云锦千层外，人在丹青万幅中。

■ 大明湖湖居桥

知州 我国古代官名。宋以朝臣充任各州长官，称"权知某军州事"，简称"知州"。"权知"意为暂时主管，"军"指该地厢军，"州"指民政。明清时期以知州为正式官名，为各州行政长官，直隶州知州地位与知府平行，散州知州地位相当于知县。

画舫 舫是船的意思，而且常用来泛指小船，画舫就是装饰华丽的小船，一般用于在水面上荡漾游玩、方便观赏水中及两岸的景观，有时也用来宴饮。有时候画舫也指仿照船的造型建在园林水面上的建筑物，做法与真正的画舫较为相似，但是下部船体采用石料，所以像船而不能动，一般固定在比较开阔的岸边，也称不系舟。

景物相夸春亘野，古人皆梦水连空。

浓妆淡抹坡仙句，独许西湖恐未公！

清代乾隆皇帝也亲临并留下《登汇波楼》诗篇。汇波楼上悬"汇波楼"，汇波楼巍峨高耸，于上南可瞻历山、玉函等山，北可观华山、鹊山诸峰，湖内波浪碧绿，画舫争渡，涵光倒影，清澈映物，故昔有颜额"河山一览"。

若傍晚登至楼上，可看到另一派奇丽景色，向南俯瞰，南丰祠内，晏公台上，钟亭飞架，古柏权桠，满院杨柳垂荫，修竹郁森。

院南一片荷红，远处波光粼粼，斜阳返照，晚霞尽染，万丈光辉，世称"汇波晚照"，为古时济南八景之一。

其次是筑百花堤。据考，曾巩在大明湖的东部

■ 济南大明湖雨荷轩

■ 济南晏公祠

修建了贯穿南北的百花堤，把湖分成东西两部分，是后来人们从南岸陆地登北岸诸亭之捷径，古之"历水陂"在曾巩的诗文中才有了"西湖"的称谓，而百花堤以东湖面则被称作"东湖"。

另外，曾巩还修筑了北渚亭、环波亭、百花台、水香亭和芙蓉台等亭台，围绕着大明湖建起了泺源、芙蓉、百花、水西、湖西、汇波和北池等七座桥梁，这是历史上对大明湖最大一次开发。

由于为政有方，使齐州"市粟易求仓廪实，邑姝无警里闾安"，曾巩深受济南百姓的爱戴。当他调离济南时，百姓不愿他走，"既罢，州人绝桥闭门遮留，夜乘间乃去。"

后人为了纪念他，曾在千佛山半崖建了曾公祠。也就是后来大明湖东北部的南丰祠，原名"晏公祠"，祠中有台，名"晏公台"，是纪念水神晏戊子的，建于明代。

曾巩（1019年—1083年），字子固，世称"南丰先生"，建昌南丰人，后居住在临川。他是曾致尧之孙，曾易占之子。北宋政治家、散文家，"唐宋八大家"之一，为"南丰七曾"之一，在学术思想和文学事业上贡献卓越。

清代道光年间，历城知县捐资在晏公台东建曾公祠，立曾巩牌位供奉。清代光绪年间，山东巡抚又在晏公台西建张公祠，作为山东巡抚张曜的祠堂。

后来，根据百姓的意愿，将曾公祠、晏公祠和张公祠划为一体，改为专门纪念曾巩的南丰祠。

南丰祠在大明湖东北岸，北临汇波楼。南丰祠为清静幽雅的古典式庭园，总占地面积2535平方米，由大殿、戏厅、水榭和游廊等建筑构成。北边为大殿，南出厦，半壁花槛扇，抱柱悬楹联：

北宋一灯传作者

南丰两字属先生

大殿南面西侧戏楼高耸，楼内四周两层，南为戏台，其他隙地为坐席。昔日设茶座，可品茗看戏。与殿堂相对，靠近湖岸有水榭三间，四周环廊，东西北三面环水，内植荷莲，是赏景佳处。

■ 大明湖超然楼

■ 大明湖凝雪竹韵桥

殿堂东侧为后来在明朝末期建的晏公台，上有"明昌钟亭"，四面八柱，宝顶双檐。亭中悬挂原在湖南岸钟楼寺的金代明昌年间所铸8000千克古钟。东为小溪，近溪修竹郁森，成篱成林。院内花木扶疏，绿柳翠柏笼荫。

后来，在北厅内设"剑门书画馆"，陈列孙墨佛先生的书法珍品26件，手札12件。孙墨佛，号"眉园"，又称"剑门老人"，原籍山东莱阳，终年104岁，一生心胸豁达，修身清节，淡于名利。

注豪情于笔端，以书法陶冶情操，形成质朴洗练的艺术风格。

南宋时期建炎年间，降金的伪齐王刘豫在济南城北开凿小清河，鹊山湖水被源源不断地导入渤海，湖面面积逐渐缩小，城西古大明湖水位也不断下降，鹊山湖、古大明湖的地位渐渐被西湖所取代，"大明湖"之名因久已不用而以西湖袭之。

巡抚 官名，又称"抚台"。明清时期地方军政大员之一，巡视各地的军政、民政大臣。清代巡抚主管一省军政、民政。以"巡行天下，抚军按民"而名。

水榭 是指供人休息、观赏风景的临水园林建筑。我国园林中水榭的典型形式是在水边架起平台，平台一部分架在岸上，一部分伸入水中。平台跨水部分以梁、柱凌空架设于水面之上。平台临水围绕低平的栏杆，或设鹅颈靠椅供坐憩凭依。

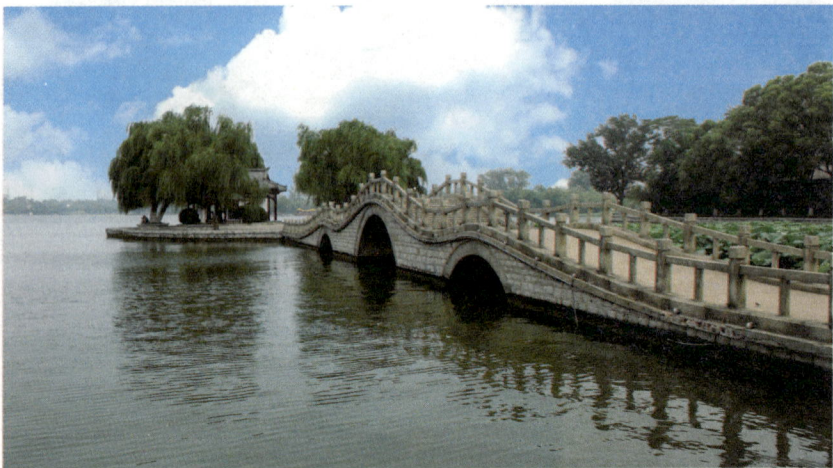
■ 济南大明湖翠柳屏

元好问 元好问
7岁能诗，14岁
从学郝天挺，善
工诗文，在金元
之际颇负重望，
诗词风格沉郁，
并多伤时感事之
作。其《论诗》
绝句30首在我国
文学批评史上有
很高的地位，作
有《遗山集》又
名《遗山先生文
集》，编有《中
州集》。

金代文学家元好问在《济南行记》中称："历下亭之下，湖曰大明，其大占城三分之一。"

城北部的大明湖成为人们泛舟游憩的胜地。

13世纪的意大利旅行家马可·波罗在其行记中赞誉大明湖道："园林美丽，堪悦心目，山色湖光，应接不暇。"

清代嘉庆年间的山东学政刘凤诰撰有一副楹联："四面荷花三面柳；一城山色半城湖。"把大明湖的景色描绘得淋漓尽致，木刻的楹联一直悬挂在大明湖北岸的小沧浪亭上。

历经元明清代的修建和重建，大明湖杨柳垂岸，画舫游艇穿行其上，楼台亭阁点缀其间，祠堂庙宇林立，大明湖成为济南最著名的游览胜地之一。元、明、清代有"济南八景"之说，而大明湖的历下秋风、鹊华烟雨、汇波晚照、明湖泛舟独占其半。

在大明湖的南门，旧时有连接大明湖和百花洲的鹊华桥。据考证此桥始建于宋代，明清时期重建，已有1000多年的历史，当时人们可以坐船从珍珠泉、百花洲经此桥直接进入大明湖。

桥高4米，宽6.5米，站在桥上，近可观明湖泛舟，远可望鹊华二山，特别是夏季的雨天，近水远山都沉浸在一片苍茫烟雨之中，是为济南八景之一的"鹊华烟雨"。

元代大书法家赵孟頫的《鹊华秋色图》就是描绘了站在鹊华桥上北望鹊华二山所看到的景象，成为传世佳作，被画界誉为元代文人画的代表作。

鹊华桥附近可是当时济南最为繁华热闹的地方，一百多年前的刘鹗在《老残游记》中曾这样描绘：

到了鹊华桥，才觉得人烟稠密，也有挑担子的，也有推小车的，也有坐二人抬小蓝呢轿子的……街上五六岁的孩子不知避人，被那轿夫无意踢倒一个，他便哇哇地哭起。

学政 为古代学官名。管教育科举，简称"学台"，与巡抚、巡按属同级别正三品，是"提督学政"的简称，由朝廷委派到各地主持院试，并督察各地学官的官员。学政一般由翰林院或进士出身的京官担任，主管行政。

■济南大明湖鹊华桥

从南门进入大明湖，首先看到的是一个湖中岛，岛上矗立着一个高大的八角亭，亭子南面悬挂着乾隆皇帝书写的"历下亭"匾额，这就是久负盛名的"历下亭"。

魏至唐代，历下亭在城西古大明湖上，称"客亭"，是官府为迎接宾客而建的亭阁。元代以北宋人的西湖作为大明湖，历下亭仍在大明湖上，但那时的历下亭并不在湖心岛，而是建在大明湖的南岸上。

清代扩建贡院，古历下亭被拆除。清代康熙年间，山东盐运使李光祖在大明湖湖心岛重建历下亭。

从历下亭乘船，几分钟的时间就来到了湖北岸的北极阁。北极阁又称"北极庙"、"北极台"，是元代在北宋北渚亭的遗址上兴建的，庙里供奉的真武大帝是道教信奉的神仙。

庙宇建在7米多高的石砌高台上，背城面湖，门前有30多级台阶，登台远眺，远可望群山葱郁苍碧，近可俯视大明湖全貌，是大明湖游览的胜地。

阅读链接

据野史记载，李清照的爱情就发生在大明湖。800年前的一个秋天，李清照在丫环的陪同下，到大明湖荡舟。暮秋的大明湖，别是一番景致。

雪松杨柳，断荷残藕，清照心绪清悠，诗兴大发。随即吟词一首：湖上波来风浩渺，秋已暮，红稀香少。水光山色与人亲，说不尽，无限好。莲子已成荷叶老，清露洗，萍花莛草。眼沙鸥鹭不回头，似也恨，人归早。

不料，这首好词正巧被岸上一个书生听到。那年轻人不是别人，正是金石学家赵明诚。于是，他们之间演绎了一段可歌可泣的爱情。

极富韵味的大明湖建筑

　　大明湖历史悠久，纪念古人政绩、行踪的建筑以及自然景观很多，诸如历下亭、铁公祠、小沧浪、北极阁、汇波楼、南丰祠、遐园、稼轩祠等，引得历代文人前来凭吊、吟咏。

■大明湖南门牌坊

■ 大明湖铁公祠大门

琉璃瓦 据记载，琉璃源自于古印度语，随着佛教的东传而进入我国。原先的代表色其实是蓝色，此外，还有红色、黑色、白色、黄色、绿色和绀蓝等色。琉璃瓦是施以各种颜色釉，并在高温的环境中进行烧制而成的。

大明湖南门，为一民族形式的牌坊，为南门牌坊，是后来从济南府学文庙迁到这里的。牌坊原为木结构，为五间七彩重昂单檐，饰有吻兽。坊顶黄色琉璃瓦覆盖，檐下云头斗拱承托，额枋彩绘有"旭日云鹤"、"金龙戏珠"和"西番莲"等图案。

匾额上书"大明湖"三个鎏金大字，12根斜柱支撑着三阶式错落的坊顶，柱础由石鼓夹抱。整个建筑金碧辉煌，宏伟壮观，被视作大明湖的标志。

牌坊西侧，立有清代嘉庆年间所立的《大明湖》石碑，为登州于书佃手笔。牌坊匾额"大明湖"3字，是依该碑字迹刻成。牌坊两侧，门房对称，歇山卷棚，上覆绿色琉璃筒瓦，显得玲珑典雅。

房前架雕栏小石桥，桥下各有石砌小溪。珍珠、濯缨等清泉经此溪注入大明湖。坊内设码头，柳浪垂荫，画舫停泊，往来渡客。

铁公祠在大明湖西北岸，为民族形式的庭园。占地6386平方米，包括铁公祠、八角亭、湖山一览楼和小沧浪等建筑，是大明湖中的园中园。

铁公，即铁铉，字鼎石，河南邓州人，明代兵部尚书、山东布政使。1400年，明燕王朱棣与其侄争帝，从北京发兵南下，兵至济南，铁铉固守，燕王屡攻不下，只得绕道进取南京。

朱棣夺取帝位后，复取济南，铁铉被执，不为屈服，受刑而死。后人为表彰他的"忠烈"，故建祠祀之。清代乾隆年间，山东盐运使阿林保捐钱复建，后来的济南知府萧培元重修，并塑铁铉像，供在祠内。

整个院落由曲廊相围，东大门为朱红锁壳式门楼，迎门叠山石小品，青松垂荫，凌霄花攀援，作为障景。

东廊壁辟有异形窗，框成幅幅小景。西廊壁上，

第一泉水湖

大明湖

知府 官名。宋代至清代地方行政区域府的最高长官。唐代以建都之地为府，以府尹为行政长官。宋代升大郡为府，以朝臣充各府长官，称以某官知，即主管某府事，简称知府。明代以知府为正式官名。清代沿明制不改。

■ 大明湖新景竹韵桥

《楚辞》 又称"楚词"，是战国时代的伟大诗人屈原创造的一种诗体。作品运用楚地的文学样式、方言声韵，叙写楚地的山川人物、历史风情，具有浓厚的地方特色。汉代时，刘向把屈原的作品及宋玉等人"承袭屈赋"的作品编辑成集，名为《楚辞》。

嵌清代铁保和阮元等书法家的题刻，其形体潇洒俊逸，其韵致深厚隽永，堪称书苑上品。东廊帧帧小品与西廊幅幅墨迹，遥相辉映。

祠堂居庭院东北隅，坐北朝南，面阔三间，前檐出厦，歇山起脊。穿过祠堂西侧曲廊，为湖山一览楼。该楼坐北朝南，上下两层，各五间。登楼可凭栏远眺青葱的群山，近览秀丽的大明湖。

院中偏小沧浪南为八角亭，宝顶重檐，斗拱错落，雕梁画栋，富丽堂皇。亭基为高台，台周雕石栏，内设石几石凳，可博弈赏景。

小沧浪在庭院内的西南隅，由清代乾隆时期的阿林保重修铁公祠时参照苏州沧浪亭建成。其名之典取自于《楚辞》中的《渔父》："沧浪之水清兮，可以濯吾缨；沧浪之水浊兮，可以濯吾足。"

小沧浪亭坐北朝南，半浸水中，长方形式，歇山

雄丽之园

北方园林特色与名园

■ 大明湖湖西桥

飞檐，外设围廊坐栏。檐下悬山东巡抚觉罗崇恩题书的"小沧浪亭"匾额。亭周，三面荷塘，四面柳浪，小桥流水，莲花溢香。亭南连东西向长廊，西段廊上辟古典式小门，面湖，门额悬"小沧浪"匾额。

■ 大明湖小沧浪亭

整个建筑，采用借景手法，把湖光山色借入园内，于内正可欣赏。清代著名小说家刘鹗曾在《老残游记》中描绘在这里所看到的景色：

到了铁公祠前，朝南一望，只见对面千佛山上，梵宇僧楼，与那苍松翠柏，高下相间，红的火红，白的雪白，青的靛青，绿的碧绿，更有那一棵半棵的丹枫夹在里面，仿佛宋人赵千里的一幅大画，做了一架数十里长的屏风。

低头看去，谁知那明湖业已澄净得同镜

飞檐 我国传统建筑檐部形式之一，多指屋檐特别是屋角的檐部向上翘起，如飞举之势，常用在亭、台、楼、阁、宫殿或庙宇等建筑的屋顶转角处，四角翘伸，形如飞鸟展翅，轻盈活泼，所以也常被称为飞檐翘角。飞檐是我国建筑民族风格的重要表现之一，通过檐部上的这种特殊处理和创造，增添了建筑物向上的动感。

提督 为武职官名。全称为"提督军务总兵官"，负责统辖一省陆路或水路官兵。提督通常为清朝各省绿营最高主管官，称得上封疆大吏。若以职能分，提督分为陆路提督与水师提督，掌管区域达一至两省，数万平方千米，甚至数十万平方千米。

子一般。那千佛山的倒景映在湖里，显得明明白白。那楼台树木，格外光彩，觉得比上头的一个千佛山还要好看，还要清楚。

后人将此景称为"佛山倒映"，为大明湖一景观。这里风景秀美，是人们品茗吟咏的胜地。

清代嘉庆年间的一个夏天，山东提督、学政、历史学家刘凤浩与山东巡抚、书法大家铁保，曾在这里宴饮，兴致勃然，刘氏即席赋得联语：

四面荷花三面柳
一城山色半城湖

铁保即席书丹。此联石刻嵌在庭园西廊壁洞门两侧，成为形容济南古城风貌的名联佳句。

■ 辛稼轩纪念馆

■ 大明湖湖西桥

庭园内巧石秀立，曲径蜿蜒，杨柳垂荫，紫藤攀援，翠柏储润，海棠流丹，修竹婆娑，杂花斗艳，蜂飞蝶舞，景色秀丽清幽。

稼轩祠在大明湖南岸遐园西侧，占地1400平方米，为纪念南宋时期的爱国英雄和豪放派词人辛弃疾而特别建造的。

辛弃疾字幼安，号稼轩，济南历城人。历任南宋地方行政长官。为主张抗金，多次上书朝廷，后被贬谪，抑郁而死。其词作与苏轼齐名，并称"苏辛"。着有《美芹十论》、《九议》、《南渡录》、《稼轩祠》、《稼轩长短句》等。

稼轩祠为古代的官署型建筑，祠院坐北朝南，南北向三进院落，建在一条中轴线上。大门悬匾额"辛弃疾纪念祠"，门两侧蹲坐着雌雄石狮各一只。

门南为照壁，门内太湖石矗立作为障景。左右厢房各三间，北侧为过厅，面阔三间，院内国槐垂荫。

照壁 也称影壁，在我国风水意识影响下产生的一种独具特色的建筑形式，称"影壁"或"屏风墙"，是我国传统建筑特有的一个部分，从明代开始流行，一般都建在大门内，当作一种屏蔽物。在旧时，人们认为宅院中总是有鬼不断地穿梭往来，修上一堵墙，以断鬼的来路，因为传言小鬼不会拐弯，只会走直线。

门楣 正门上方门框上部的横梁，一般都是由粗重的实木建造。古代按照建制，只有朝廷官吏所居的府邸才能在正门上标示门楣，一般平民百姓家的房屋是不准有门楣的。

彩绘 我国自古以来一直都存在的一种建筑装饰画，被称为丹青。主要绘在梁枋、柱头、窗棂、门扇、雀替、斗拱、墙壁、天花、瓜筒、角梁、椽子、栏杆等建筑木构件上。

穿过过厅为第二院落，两侧是抄手半壁游廊。北为正厅三间，卷棚顶式，门楣额枋皆饰彩绘，上悬匾额"辛弃疾纪念祠"。楹柱挂对联："铁板铜琶继东坡高唱大江东去，美芹悲黍冀南宋莫随鸿雁南飞。"

厅内迎门处为辛弃疾塑像，四壁挂其生平事迹和名人字画，橱中陈列有关辛弃疾的各种版本的书籍。院内植有青松、银杏及石榴、百日红、月季等花卉。

厅后第三院落，北临湖滨，是作为休息的风景建筑。西廊壁饰有扇面、海棠叶等各种异形窗。北端游廊两层，与"临湖阁"相通。东廊向北依次叠升，直达阁上，每叠平台由假山石堆砌。

中段台上建小亭，供登楼中途稍憩。阁为两层，上建凉台，下设茶座，可于内观赏明湖景物。院内秀石玲珑，槐荫铺地，竹影移墙，榴花溢丹。

阁北水中七曲石桥，上饰石栏杆，下可通小舟。

■ 大明湖明湖楼

桥北接"藕亭"，六角攒尖，单檐宝顶，亭桥相衬，亭影浮动，也为明湖一景。

北极阁又名"北极庙"、"真武庙"，坐落在大明湖东北岸，为道教的一座庙宇。真武，是道教奉祀的代表北天之神，是北天七宿的化身。原名玄武大帝，后避帝讳，改为真武。

该庙建于1280年，筑在7米高的石镶土台上，占地1078平方米。正殿在中央，坐北朝南，后有启圣殿，南面为门厅，面阔各三间，东西配庑殿。

院内银杏葱绿，翠柏碧透，古意颇浓。正殿佛龛内，塑有真武坐像，手持宝剑。两侧侍金童玉女。神龛前下方分别站有火、水、龟、蛇四将。

神龛左侧，塑青龙、赵天君、关天君、仙真、风伯和雷公。右边塑白虎、马天君、瘟天君、仙曹、雨师和电母。

殿内东西山墙上，绘制有精美的《真武大帝武当山传奇》壁画，其故事曲折，引人入胜。启圣殿为明代成化初年德王朱见建，塑有圣父母的坐像。

左右两侧侍有玉女，各持石榴仙桃。墙上壁画，皆为演奏、舞蹈和献果等祝寿场面。

置身于庙台之上，视野开阔。可眺望重峦叠嶂的群山，近可一览秀丽多姿的明湖景观，湖光山色，尽

■ 大明湖北极阁父母殿

第一泉水湖

大明湖

道教 是我国土生土长的宗教，道教起源于上古鬼神崇拜，发端于黄帝和老子，创教于张道陵，以"道"为最高信仰，以神仙信仰为核心内容，以丹道法术为修炼途径，以得道成仙为终极目标，追求自然和谐、国家太平、社会安定、家庭和睦，充分反映了我国人民的宗教意识、性格心理和精神生活。

大明湖北极阁

收眼底，是观景的理想去处。

　　汇泉堂坐落在大明湖东南隅水中小岛上。该岛景色极为幽雅，为夏日避暑胜地，人称"清凉岛"。过去，城内众泉多从这岛附近汇入大明湖。所以这小岛上的一眼清泉，便被命名为"汇波泉"，建于这里的一座寺院也就叫作"汇泉寺"。

　　汇泉寺始建年代，据清代钱塘人吴华《重修汇泉寺碑记》记载，曾于清代嘉庆年间由当地盐商茅、张二氏重修，是年孟夏落成，随后又召集同仁，每月捐资，聘请"信一"和尚为本寺住持，伺奉佛祖。

　　此寺原为两重院落，东侧依次为佛殿、关庙、公输子祠和文昌阁等建筑。佛殿为正殿，内供佛像。偏西为精舍四楹，名称"薜荔馆"，颇为雅致。

　　月下亭在大明湖北岸，北极阁西侧。亭子立在水池中央，形为六角尖顶，白柱青瓦，饰以彩绘，小巧玲珑，典雅别致。

　　池中蓄锦鱼，植玉莲，池周自然石驳岸，顽石卧波。东侧紧靠北极阁处为假山，巨石陡立峭拔，嶙峋峥嵘。近植翠竹，飒飒有韵。

月下亭南北，各有白石小桥，南通湖岸，北通大厅。大厅与月下亭同时建成，面阔三间，处于数级台阶之上，坐北朝南，有白色楹柱贯顶，南面出厦，东西各有耳房一间，厅下有地下室。

堂周围幽篁，郁森蔽日，整个建筑显得很清幽。

大厅东侧有一小院，院中有两层小楼，楼上南侧设有阳台，可于上观览大明湖景色。大厅西侧，建有花室花圃，围竹篱，植松柏，自成体系。室内四季有春，即使隆冬季节，依然万紫千红，百花争艳。

月下亭是赏月的理想去处，亭南视野开阔，在这里可以观看"明湖水月"的胜景。当夜幕降临，明月当空，清光惠洒，柔波粼粼，湖天一色，垂杨如纱笼岸，亭榭隐现其间。溶溶月色，妙不可言。

遐园在大明湖的南岸，占地9600平方米，向来有"历下风物，以此为盛"的赞语，被誉为济南第一标准庭院。清代宣统年间，山东提学使罗正钧倡议兴建，园址建在昔日科举考场贡院的附近，希望能在这里大兴学风，造就人才。

该园是一所结合了民族形式的古典庭园，素有南阁、北园的盛

■ 济南大明湖月下亭

篆书 是大篆、小篆的统称。大篆指甲骨文、金文、籀文、六国文字，它们保存着古代象形文字的明显特点。小篆也称"秦篆"，是秦国的通用文字，是大篆的简化字体，其特点是形体匀遁齐整、字体较籀文容易书写。在汉文字发展史上，它是大篆由隶书、楷书之间的过渡。

名。大门朝东，门外北侧，横一石碣，上刻篆书"遐园"两字，由罗正钧题写。门原有楹联"湖山如画，齐鲁好文"，后缺失。门两侧，长廊向南北两个方向伸展。

进门假山，作为障景，顺势延至院南侧，占地颇广，山势陡峭，巨石嶙峋，有石径可登。上面有台，称"朝爽台"。台上有亭，四面单檐，称"苍碧亭"也叫"风亭"。北侧山脚下，池塘之水，从湖中引来，蓄锦鱼，植荷莲。

山西的池内建亭，为船形，称"明漪舫"，因明湖船舟不能驶进遐园，故造船形亭，以象征。明漪舫四周绕以小溪，北流折东淌入湖中。

沿溪西岸，半壁长廊，廊北端折西南墙壁上，嵌相传岳飞墨迹石刻前后《出师表》。廊北东侧跨溪建桥，拱形若虹，名"玉佩"。桥北方塘，内生垂柳，

■ 大明湖明小石桥

■ 大明湖明漪舫

植以荷莲。园北侧建"读书堂"。

堂东有山，山南有池，池岸有亭，为休息的场所。山上立"浩然亭"，六角单檐，于内可观"鹊华烟雨"及大明湖景色。

园内杨柳垂荫，修竹郁森，黄鹂鸣唱，韵味无穷。昔日，院内竹篱门上悬挂一副木刻行书楹联"和风飞清响，时鸟多好音"，就是此景的生动写照。素日，于此读书、作画者甚多，这正是"湖山如画，齐鲁好文"的最好印证。

秋柳园在大明湖东南岸，因王氏的佳作《秋柳》诗而得名，传说清初王士禛曾在这里读书。王士禛是清代济南府新城人，字贻上，号阮亭，别号渔洋山人。累官至刑部尚书，为清初文坛盟主，是极负盛名的诗人。著述甚丰，有《带经堂集》等传世。

顺治年间，王士禛游历下，与诸名士会饮大明

刑部 我国古代的官署，明清两代，刑部作为主管全国刑罚政令及审核刑名的机构，与都察院管稽察、大理寺掌重大案件的最后审理和复核，共为"三法司制"。1906年，清代光绪皇帝宣布"仿行宪政"，将刑部改称法部，刑部被撤销。

王府 是封建社会等级最高的贵族府邸。分亲王府、郡王府、贝勒府、贝子府共四个等级。清代北京内城由满洲八旗分住，王府大多建在北京东西两城。它们的建筑规模、样式、布局都严格按照封建礼制建筑的等级，差别十分明显。

湖。时值初秋，叶始微黄，若有摇落之感，渔洋身置其中，浮想联翩，乃赋《秋柳》诗四章。

这四首诗风格独特，震惊当时文坛，一时和者甚众。当时，文人雅士在此处成立"秋柳诗社"，后又建馆舍多间，观柳赏荷，即兴赋诗，挥笔联句，步韵唱和。

如今，秋柳园馆舍及水面亭已毁，然而景色依旧。大明湖波光潋滟，园内小溪潺潺，溪上虹桥卧波，湖中荷香四溢，溪岸垂杨披拂，人们常在柳荫下草坪上怀古凭吊，吟诗作文。

百花洲又名"百花汀"、"小南湖"，位于大明湖正门牌坊以南。古时水域很大，水由珍珠泉、芙蓉泉、王府池汇集而成，然后注入大明湖。

昔日，百花洲附近的居民多在水中植白莲，岸旁

■ 大明湖秋柳园

栽杨柳，四周房舍，参差错落，似水乡民居。

《老残游记》中所记载的"家家泉水，户户垂杨"，主要就是指的这一带。宋时，百花洲内建有百花台，因"百花堤"得名，又因百花堤为南丰先生曾巩所建，所以也叫"南丰台"。

百花台周围，鲜花烂漫，景色秀丽，曾巩曾写《百花台》赞美：

> 烟波与客同樽酒，风月全家上采舟。
> 莫问台前花远近，试看何似武陵游。

至明代，诗坛领袖李攀龙在百花洲建"白雪楼"，四面环水，设小舟往来渡客。后来明末诗人王象春又居于白雪楼，著有《齐音》、《问山亭集》等。

在百花洲的南侧，昔日有"曲水亭"，为当时的济南棋社，棋林高手经常到这里品茗博弈。

该亭原是一座坐东朝西的三间小房，房前房后，

王士禛（1634年—1711年），原名原士禛，字子真、贻上，号阮亭，又号渔洋山人，人称王渔洋，谥文简。清初杰出诗人、学者、文学家。他博学好古，能鉴别书、画、鼎彝之属，精金石篆刻。王士禛是清初诗坛上"神韵说"的倡导者。王士禛的诗清新蕴藉、刻画工整，散文、词也很出色。一生著述达500余种，作诗4000余首，有《渔洋山人精华录》、《渔洋文略》、《渔洋诗集》等。

大明湖风光

小溪弯弯，流水潺潺，垂杨依依，有木桥渡客，亭门悬挂着清代文学家郑板桥为亭撰写的一副对联："三椽茅屋，两道小桥；几棵垂杨，一湾流水。"

后来小房倾圮，亭主将其改在水中，形为木制敞厅，四面回廊环绕，花格透窗，由远处望去，翠绿丛中，犹如盛开的一朵芙蓉。仍为茶室棋社，亭门楹联写道："历下亭中坐怀古，鹊华桥畔静观棋。"

历经沧桑，百花洲一带的亭台虽已残破，然而景色依然秀丽。北侧近临大明湖，水光潋滟，芙蕖映绿，西岸建有花园，四季有春，蜂飞蝶舞，南岸小桥卧波，清溪潺缊，柳浪闻莺，东边矮屋短墙，鳞次栉比，错落有致，依然为江南水乡风貌。

阅读链接

清朝末期，由于社会的动荡，湖区缺少治理，大明湖面积逐渐缩小，风物也屡遭破坏。

大明湖西南部水域日渐缩小，开辟西部商埠，东西车马人员往来增多。清代光绪末年，新开乾建门，修筑乾建门里街直通鹊华桥，把西南大片水域与大明湖分开，南边的水域人们俗称"小明湖"或"南湖"。

趵突泉位于山东省济南中心区，南靠千佛山，东临泉城广场，北望大明湖，面积10万多平方米，是以泉为主的特色园林。

趵突泉位居济南"七十二名泉"之首，被誉为"天下第一泉"，也是最早见于古代文献的济南名泉。

趵突泉是泉城济南的象征与标志，与千佛山、大明湖并称为济南三大名胜。而趵突泉公园的名胜古迹和文化内涵极为丰富，是具有南北方园林艺术特点的最有代表性的山水园林之一。

趵突泉

天下第一泉的趵突泉

传说在很久以前，济南城里有个名叫鲍全的青年樵夫，虽然天天手不离斧砍柴，但是仍养活不了年迈的双亲。

有一次，双亲突然得了重病，由于实在没钱请医生，鲍全只好眼看着父母相继去世。

从此，鲍全开始向一个和尚学习医术，几年中救活了许多老百姓。那时济南没有泉水，遇上旱年，连煎药的水也没有，鲍全只好每天早起去担水，为那些买不起水的穷人煎药。

一天，鲍全在担水的路上救了一位老者，并拜这位长者为干爹。

干爹看鲍全一天到晚为穷人治病，忙得连饭也没空吃，就说：

■ 趵突泉

趵突泉美景

"泰山上有个黑龙潭，潭里的水，专治瘟疫，你要能挑一担潭水回来，每个病人只要滴到鼻里一滴，就能消除百病。"

鲍全拿着干爹给的拐杖，历尽艰辛，来到泰山黑龙潭，却发现这里原来是龙宫，干爹是龙王的哥哥。鲍全挑了一件龙王送的白玉壶，里面的水永远也喝不完。鲍全回到泉城后，为很多病人治好了病。

州官听说后派人来抢夺，鲍全把壶埋在了院子里。公差在院中挖到了白玉壶，却怎么也搬不动，他们一起用力，只听"咕咚"一声，突然从平地下"呼"地窜出一股大水，溅起的水花撒满全城，水珠落在哪里，哪里便出现一眼泉水，从此济南变成了有名的泉城。

后来，人们为了纪念鲍全，就把这泉叫"宝泉"，年深日久，人们根据泉水"咕嘟咕嘟"向外冒的样子，又把它叫成"趵突泉"了。

其实，关于趵突泉相关文字记载的历史，可上溯至商朝，历史可以长达3500多年之久。趵突泉是古泺水之源，古时称"泺"，宋代曾巩为其定名为"趵突泉"。也有"槛泉"、"娥英水"、"温泉"、"瀑流水"和"三股水"等名。

趵突泉树木

曾巩曾出任过齐州太守，非常热爱齐州的山水，他描写这处泉水的那首七律，题目就叫作《趵突泉》。诗是这样写的：

一派遥从玉水分，暗来都洒历山尘。

滋荣冬茹温常早，润泽春茶味更真。

已觉路旁行似鉴，最怜沙际涌如轮。

曾城齐鲁封疆会，况托娥英诧世人。

曾巩还在《齐州二堂记》写道："自崖以北，至历城之西，盖五十里，有泉涌出，高或至数尺，其旁之人名之曰'趵突'之泉。"

可见，"趵突"这一称谓当时还只是在民间流行，很可能是一个象声词，类似"噗嘟"、"咕嘟"等，以描摹泉水汹涌喷薄的声响。

古人也曾称趵突泉为"瀑流泉"，"瀑流"其实也是象声，可以作为"趵突"的佐证。如果这一推断不差，那么曾巩能够直接运用民间语汇于诗文创作，使得"趵突"一名从此日益响亮。

所谓"趵突"，即跳跃奔突之意，反映了趵突泉三窟迸发，喷涌不息的特点。北魏郦道元《水经注》记趵突泉写道："泉源上奋，水涌若轮。"

《历城县志》中有趵突泉的描绘："平地泉源纛沸，三窟突起，雪涛数尺，声如殷雷，冬夏如一。"

趵突泉水从地下石灰岩溶洞中涌出，其最大涌量达到每天24万平方米，三窟并发，浪花四溅，声若隐雷，势如鼎沸，出露标高可达26.5米，"趵突腾空"为明清时期济南的八景之首。

泉水一年四季恒定在18度左右，严冬，水面上水气袅袅，像一层薄薄的烟雾，一边是泉池幽深波光粼粼，一边是楼阁彩绘，雕梁画栋，仿若奇妙的人间仙境。

趵突泉水清澈透明，味道甘美，是十分理想的饮用水。相传清代乾隆皇帝下江南，出京时带的是北京

北魏（386年—557年），是由鲜卑族拓跋氏建立的封建王朝，是南北朝时期北朝第一个朝代，又称"拓跋魏"、"元魏"。北魏时期，佛教兴起，佛教得到空前发展，迁都洛阳和移风易俗，促进了北魏的封建化和民族融合。

■ 趵突泉美景

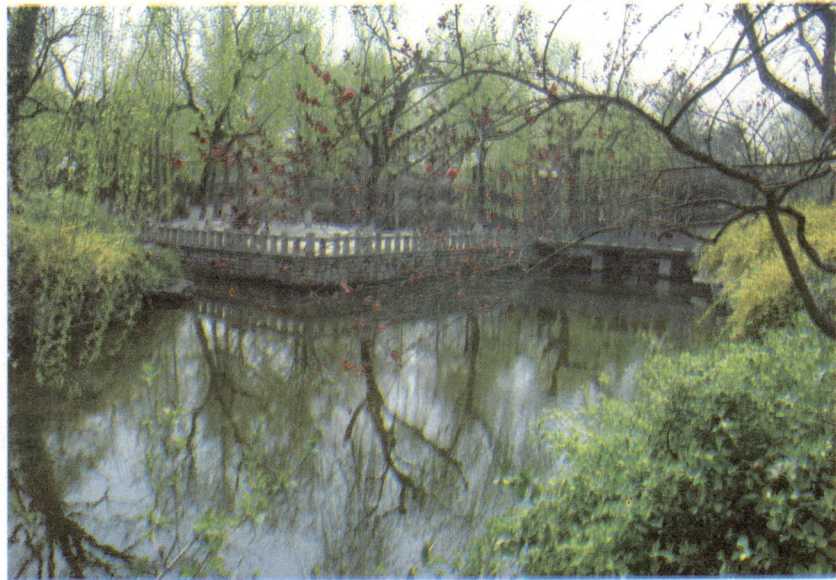

玉泉水，到济南品尝了趵突泉水后，便立即改带趵突泉为"天下第一泉"。

泉在一泓方池之中，北临泺源堂，西傍观澜亭，东架来鹤桥，南有长廊围合，景致极佳。泉池中放养金鱼，大者长逾一米。

趵突泉水分三股，昼夜喷涌，水盛时高达数尺。"趵突"不仅字面古雅，而且音义兼顾。不仅以"趵突"形容泉水"跳跃"之状、喷涌不息之势，同时又以"趵突"模拟泉水喷涌时"卜嘟"、"卜嘟"之声，可谓绝妙绝佳。

元代著名画家、诗人赵孟頫在《趵突泉》诗中赞道："泺水发源天下无，平地涌出白玉壶。"

清代诗人何绍基喻之为"万斛珠玑尽倒飞"，清代刘鹗《老残游记》记载："三股大泉，从池底冒出，翻上水面有两三尺高。"

清代康熙皇帝南游时，曾观赏了趵突泉，兴奋之余题了"激湍"两个大字，并将之封为"天下第一泉"。

阅读链接

在趵突泉，还有一个泉上比武试英雄的故事。

相传清代康熙年间，忽然有100多名骑者自南山奔向趵突泉来。来人个个魁梧奇伟，豪爽潇洒，或赤面胡须，或碧眼紫须，都武装起来佩剑戴刀在这里等待。

一会儿来了一位少年，面如敷粉，唇若丹朱，朱履皂服，下马便来到队伍跟前。众人都拱手而立，少年也不客气，一下坐在上座，大家分坐两旁。稍等了一会儿，大家开始喝酒。

少年说："诸位君子何不比试一下？"见队中一个人走下台阶与其对舞，简直像冰山玉树，观看者像一堵墙挡着不能进出。只见又一人，纵身一跃，百十步远，攀着亭檐，凭空而行，旁若无人，也没有人敢问。夕阳落下，他们离去，据说是剑侠一类的人。

为人称道的周边景致

趵突泉周边的名胜古迹数不胜数，尤以泺源堂、娥英祠、望鹤亭、观澜亭、尚志堂、李清照纪念堂、沧园、白雪楼和万竹园等景点最为人称道。

历代文化名人诸如曾巩、苏轼、元好问、赵孟𫖯、张养浩、王守

济南柳絮泉

亭 是我国传统建筑，多建于路旁，供行人休息、乘凉或观景用。亭一般为开敞性结构，没有围墙，顶部可分为六角、八角、圆形等多种形状。亭子在我国园林的意境中起到很重要的作用。亭的历史十分悠久，但古代最早的亭并不是供观赏用的建筑，而是用于防御的堡垒。

仁、王士禛、蒲松龄等，均对趵突泉及其周边的名胜古迹有所题咏，使趵突泉的文化底蕴更加深厚。

观澜亭在趵突泉的西侧。该亭原为四面长亭，半封闭式，形制考究，为历代文人称颂。宋代大文学家苏辙在任齐洲掌书记的时候，对济南名胜古迹咏吟甚多，其中咏《槛泉亭》一诗尤为著称。

柳絮泉为金代《名泉碑》、明代晏璧《七十二泉诗》和清代郝植恭《七十二泉记》所著录的济南"七十二名泉"之一。

柳絮泉位于漱玉泉东侧，属于"趵突泉泉群"。据《历城县志》记载："柳絮泉，在金线泉东南角，泉沫纷繁，如絮飞舞，故名'柳絮'。"

往昔，泉四周垂柳成荫。春日，岸上柳絮飞舞，水中泉沫翻动如絮，泉水与垂柳相映成趣，令人陶醉。明晏璧曾赋诗写道："金线池边杨柳青，泉分石

■ 趵突泉观澜亭

窦晓泠泠。东风三月飘香絮，一夜随波化绿萍。"

诗中正是对此景的赞咏。泉池呈长方形，长3.5米，宽2.3米，深1.5米，泉边柳树成荫，池水清澈见底，长流不竭，水中游鱼可数。夏日乘凉观景，可谓佳境。

金线泉位于趵突泉东北侧，泉池呈长方形，原长12米，宽6米。由于水面有一条游移飘动的水线波纹，映日凝望，宛如一条金光闪闪的金线浮于水面，故而得名。

宋人吴曾在《能改斋漫录》中作了极为生动的描述：

石甃方池，广袤丈余，泉乱发其下，东注城濠中。澄澈见底，池心南北有金线一道隐起水面，以油滴一隅，则线纹远去。或以杖乱之，则线辄不见，水止如故，天阴亦不见。

明清时期，金线尚清晰可见，后因改建泉池，基底遭到破坏，水面亦随之缩小，水势减弱，金线则从此消失。

后来，趵突泉在扩建时，在原金线泉东约20米处

■ 金线泉

苏辙（1039年—1112年），字子由，号颍滨遗老。1057年，他与兄苏轼同登进士科。北宋散文家，他与父苏洵、兄苏轼合称"三苏"。苏辙不仅在诗文创作方面才华横溢，而且书法也颇有造诣。他的书法运笔结字与苏轼颇为接近，书法潇洒自如，工整有序。

《世说新语》

是南朝宋时期产生的一部主要记述魏晋人物言谈轶事的笔记小说。是由南朝时期刘宋宗室临川王刘义庆组织一批文人编写的，梁代刘峻作注。全书记述了自汉末到刘宋时名士贵族的逸闻轶事，主要为有关人物评论、清谈玄言和机智应对的故事。

雄丽之园

北方园林特色与名园

■ 漱玉泉

一所石砌雕刻的小池中，也出现了金线。于是人们便将这泉称为"金线泉"，并将清代同治年间江苏吴兴丁彦臣题写的"金线泉"石刻移嵌在这泉的东壁上。而将原金线泉改称"老金线泉"，并将"老金线泉"这四个字嵌刻于池壁。

金线泉，泉池东西长2米，南北宽1米，池深1.2米，池壁及池周围栏杆均用精细的大理石砌成。

漱玉泉是济南的"七十二名泉"之一，属"趵突泉泉群"。"漱玉"一词源于《世说新语》中的"漱石枕流"。

漱玉泉泉池呈长方形，池长4.8米，宽3.1米，深2米。四周围以汉白玉栏杆，泉水自南面的溢水口汩汩流出，层叠而下，漫石穿隙，淙淙有声，注入螺丝泉池中。

■ 漱玉泉景物

明代诗人晏璧曾有"泉流此间瀑飞经琼，静日如闻漱玉声"的赞语。相传宋代著名女词人李清照的传世之作《漱玉集》就是以此泉而命名的。

趵突胜景坊高7.5米，柱间总宽9.2米，两侧悬挑各1.5米，造型为"四柱三间冲天挑担式"。颜额磨光花岗石上刻有"趵突胜景"和"观澜知源"八个凹形鎏金大字。

离开浅井泉，南向前行，便看到一座玲珑剔透的太湖石迎面矗立。这座太湖石，名叫"龟石"，这是元代散曲家张养浩在北园的别墅云庄的遗物。

据考，当时云庄中有秀石十块，称为"十友"，其中龙、凤、龟、麟四大灵石尤为著名。至明代以后分移到济南城中的皇亭、孔庙及趵突泉等地。

四座灵石仅存的只有这一龟石，它是一座玲珑剔透、栩栩如生的太湖石，高近4米，重约8吨。该石挺

孔庙 是纪念祭祀我国伟大思想家、教育家孔子的祠庙建筑，在历代王朝的更迭中又被称作文庙、夫子庙、至圣庙、先师庙、先圣庙、文宣王庙等，其中以文庙之名更为普遍。我国最早且至今规格最大的曲阜孔庙修建于公元前478年，也就是孔子逝世的第二年。

■ 趵突泉尚志堂

书院 是宋代的
地方教育组织。
"书院"之名始
见于唐代，但
发展于宋代。最
初，书院为民办
的学馆。原由富
室、学者自行筹
款，后由朝廷赐
敕额、书籍，并
委派教官、调拨
田亩和经费等，
逐步变为半民半
官性质的地方教
育组织。

拔露骨，多空窍，筋络明显，多凹凸，具有石品中的
"皱、瘦、透、漏'的特点。

尚志堂在趵突泉东北，为原尚志书院的一个院
落。尚志书院，是清代同治时期由山东巡抚丁宝桢创
办的。学者除了学习儒学之外，还学习天文、地舆和
算数。

该堂曾刊刻《十三经注疏》、《石徂徕先生集》
和王渔洋诗文著作等书籍，称尚志堂版，享有极高的
盛誉。

来鹤桥位于风景秀丽的万竹园白云泉畔，石因泉
而命名。该石高4.2米，宽1.8米，厚1.5米。该石体态
高大浑厚，石身纹理交错，窍孔通透，与泉溪、亭
桥、翠竹和丛林浑然相融。

泺源堂在趵突泉北岸，最早为娥英祠。这一组三
进的建筑群，原是古代娥姜祠的旧址，原来奉祀的是

大舜的妻子唐尧的两个女儿，也就是娥皇和女英。大约在金元代以后改为吕祖庙，曾供奉着宋代以后逐渐流行的道教新神吕洞宾。

著名文学家曾巩在北宋熙宁年间，在泺水建二堂，南堂临泺水之源，故称"泺源堂"。北堂南对历山，称"历山堂"。后来，金代元好问把"泺源"和"历山"二堂改成"吕公祠"。

明代，盐运使张奎光、济南知府樊时英、历城县令吕黄钟又改祠为阁，上层祀文昌，下层祀钟离，同时将阁后李公祠改"祀斗母"，称"斗母宫"。后来三殿统称"吕祖庙"。此后，恢复原名"泺源堂"。

泺源堂，三间两层，坐北朝南，建在同一中轴线上，是一组较大的明清时期建筑。堂前悬楹联，是选取赵孟頫咏趵突泉七律中的颈联："云雾润蒸华不注，波涛声震大明湖。"

盐运使 官名。始置于元代，设于产盐各省区。明清时期相沿，其全称为"都转盐运使司盐运使"，简称"运司"。其下设有运同、运副、运判、提举等官，有的地方则设"盐法道"，其长官为道员。这些官员往往兼都察院的盐课御史衔，故又称"巡盐御史"。

天下第一泉

趵突泉

■ 趵突泉泺源堂

■ 娥英祠

书法 文中特指中国书法。中国书法是一门古老的汉字的书写艺术，是一种很独特的视觉艺术。书法是我国特有的艺术，从甲骨文开始，便形成有书法艺术，所以书法也代表了我国文化博大精深和民族文化的永恒魅力。

这当然是从杜甫的"气蒸云梦泽，波憾岳阳城"的名句中脱化而来，但由于赵孟頫是人们喜爱的杰出的画家和书法家，济南人还是很珍重他这首诗的。

在泺源堂三进院落的墙壁上嵌着明清以来的文人的石刻，其中有理学大师、阳明学派的开创者王守仁的手迹。摩挲欣赏，倍添游兴。

三圣殿位于娥英祠后殿，因纪念尧舜禹三圣帝而称三圣殿，是明代建筑。

来鹤桥原为木桥，南北纵向，在趵突泉池东岸，望鹤亭西南侧。是由明代万历年间历城知府张鹤鸣始建，天启年间济南知府樊时英重修，清代顺治年间监察史程公再次重修。均为木质，后改为平板石桥，并在桥体两侧设置了雕花的石栏。

蓬山旧迹坊也称"来鹤坊"，在趵突泉东侧来鹤桥南端。为明代天启年间济南知府樊时英所建，是两柱一楼式，丹柱青瓦，斗拱承托，上饰吻兽。南北各悬"洞天福地"和"蓬莱旧迹"匾额。

观澜桥在趵突泉西侧，位于娥英祠和通浃园之间。桥宽3米，长5米，呈弓形，都是按民族风格来建造的，东西构架。因在桥上能观赏趵突泉水，故称"观澜桥"。

广会桥在观澜桥北面约30米处，此桥在明刘敕《历乘》和《历城县志》中都有记载。桥南墙壁上嵌清代同治年间的《重修广会桥碑记》，文中有济南一名大板桥。桥南数千米为趵突泉，清山之泉均与北水会，每值夏秋之交，山水涨发，奔腾澎湃。

白雪楼在趵突泉的东南侧，是为纪念明代著名文学家李攀龙而建的。

槛泉坊在趵突泉西侧，原为北宋时期熙宁年间史学家刘诏庭院内的建筑物，名"槛泉亭"。后来的明

刘敕（1560年—1639年），明代济南历城人。1579年中举，后考进士不第，任陕西富平知县，未满一年即辞官。母亲病故，刘敕极为伤痛，结庐于墓旁。后虽多次荐举，终未再入仕。1632年编著《历乘》18卷，是为历城县志中最早的刻本。刘敕从此名扬海内，时称"真儒名世"。

■ 白雪楼

■ 趵突泉公园建筑

钦差 是明清时期的一种临时官职。钦，意为皇帝，钦差即是皇帝差遣之意，因此钦差大臣是指由皇帝专门派出办理某事的官员。因为钦差代表了皇帝本人，担任该官职的往往都是皇帝信得过的高官，能得这个职位本身就是一种荣誉，一般事情办完复命之后，就会取消该官职。

代天顺年间，钦差内监韦、吴两人来济，于泉旁构亭，名为"观澜"取《孟子·尽心上》"观水有术，必观其澜"之意。

后来，李攀龙辞去陕西按察副使的职位东归，在历城王舍人庄之东鲍山下建楼，称"白雪楼"。李攀龙晚年，在大明湖畔百花洲又建一楼，也称"白雪楼"。明代万历年间，山东右布政使叶梦熊因敬仰李攀龙，出资在趵突泉畔，建了第三座白雪楼。

万竹园在趵突泉的西侧，前、东、西三院成品字形排列，花园居于西部，占地面积12000平方米，是清朝末期山东督军张怀芝邀集南北之能工巧匠，吸取北京王府、南方庭院和济南四合院的建筑特点，历经十年之久建成，因园中多竹而得名。

万竹园主要建筑物都规则地排列在轴线上，若门户洞开，自南而北形成一条优美的透视线。院中空间环环相扣，建筑庭院层层递进。室内以隔扇、隔墙和屏风划分，院内回廊起到了联系与交通的作用。

院落之间多采用垂花门或异型门，门洞都能形成优美的框景，具有虚实对比的空间变化。关闭门户，各院自成一体。

东院玉兰院最后一进有前后楼，为"恒明楼"。前楼是主人起居处，后楼是小姐闺房，仅有一座天桥与前楼相通。西院除各式客厅外，另有家祠、运动场、藏书楼等，院中建有六角水榭，为古时豪宅中独有，用于主人和宾客赏戏和听曲。

园内简洁明快的明代木椅、雕龙画凤的清代桌、椅、床、案和凳，珍贵的清代九龙王爷椅、透雕书案、雕龙大厨、镶嵌玉石的雕龙大床。

明清时期的细瓷花球瓶、八仙瓷缸、雕龙照壁以及清代花瓷盆等，分别安置在海棠院、木瓜院和杏

天下第一泉

趵突泉

按察副使 明初所设按察司的副长官，正四品，1381年改为从四品。其职掌一为按事分巡察兵备、学政、海防、清军、监军等，一为按地区分巡察、俭视刑名按劾等。初为临时性质，后逐渐形成分巡道，故又称道员。清初沿置，乾隆时裁去副使衔，专设分巡道。

■ 万竹园

院等处。"三绝"艺术石雕、砖雕、木雕，雕刻的飞禽走兽，花木竹林，曲径通往后院。

"知鱼亭"作为廊的起点，南端以临泉而筑的白云轩作为廊的终点。花园东侧为自然式溪流，溪西岸林木葱郁，风景幽邃。溪水自南而北潺潺流入，疏密相间的簇簇翠竹，自然起伏的草坪，宛若置身于碧草如茵的大自然中。

万竹院文化底蕴厚重，与济南名士名泉文化结下了不解之缘。

明代隆庆年间，礼部尚书殷士儋归隐于此，易名为"通乐园"。此后，清代康熙年间曾任成山卫教授、诗坛怪杰王苹购得此园，易名为"二十四泉草堂"。清代短篇小说之王蒲松龄以殷士儋小时候在万竹园的故事创作了《聊斋》之"狐嫁女"。

雄丽之园

北方园林特色与名园

阅读链接

传说康熙年间的一个夏天，教师袁古南在章丘教文学，与山西郇阳的己方伯同被录取，读书于白雪楼。

有天夜里，忽然有两人来到白雪楼，一个长胡子老人，另一老者清瘦苍古，都穿戴红衣黑帽，坐在灯下，辩论古今，品评人物，褒贬官吏，说的多是前朝发生的事。

两个老师产生疑问，便问他们姓什么，住在什么地方？

老者说："我们一个住在泉东南蔡家庄，一个住在泉北柳沟，因爱趵突泉的月色，故夜间游到这里。"鸡叫头遍，二老者一同辞去。

第二天，袁古南和己方伯结伴到老者所说的两个地方，并无村庄，只有荒冢丘垅，一个题刻明户部尚书边贡墓，另一个题刻明河南按察使李攀龙墓。两人才恍然大悟，原来是李攀龙和边贡两位文学老前辈夜游趵突泉。

园中之园和李清照纪念堂

　　沧园在济南趵突泉公园的东南部，是趵突泉公园的园中之园，是一处古典民族风格庭院建筑。

　　沧园原名"勺沧园"，取沧海一勺之意。沧园内布局可分为两个大院落，三座大厅，南北在一个中轴线上，大门朝西。每厅皆有外廊环绕，园周围曲廊相围，沿廊遍植翠竹，青砖黑瓦白粉墙，素朴幽雅。

　　园西侧有纪念明朝著名诗人、"后七子"领袖李攀

沧园假山

龙的白雪楼。李氏著有《沧溟集》，世称其为"沧溟先生"，故将该园命名为"沧园"。

沧园内除植有青松、腊梅、翠竹，庭前路边遍植奇树、名花、异木等，院内多置山石，陈列大型盆景点缀其间。

沧园每到了冬季尤其雪落时刻，院内苍松挺拔，腊梅橙黄，松竹梅各展风姿，构成一幅"岁寒三友图"。

沧园北大厅的北面有宽广的平台，台北即枫溪，东西狭长，沿岸山石，层层叠叠，参差错落。溪水从趵突泉、白云泉、登州泉、望水泉流入，然后穿进假山密林，注入西护城河。

溪内西侧，建有"月岛"，东端架曲桥，最东为假山。从枫溪西端向东看去，层次鲜明，景色深远，为公园最长风景透视线。夹岸植垂柳，溪内栽荷莲，水上陈设扁舟，可于内荡游。

溪之南岸，波廊尽头，有一水榭探入溪中，称"枫榭"。榭以东，由长廊通向平台，台上设石桌石凳，可于此欣赏枫溪景色。与枫溪中月岛上的树木相映，构成绝佳景色，来鹤坊与泺源堂及水榭茶厅

沧园大门

■ 李清照纪念堂内景

触目可及。

向东可看到山石树木之后的假山，景色深远，成为园内的风景透视线。秋季，红枫、丹桂、柿树、银杏、山楂与树间、崖壁、山上点缀的秋菊，组成秋色图画。

李清照纪念堂位于趵突泉东部，是后来人们为了纪念宋代名人李清照而建的，为一民族形式的建筑，由正厅、亭、轩、曲廊和门楼组成。

门楼双脊比翼，颜额挂有牌匾，上写"李清照纪念堂"，门楼迎门屏风前后两面分别题写的"一代词人'和'传颂千秋"。

厅内陈列着李清照塑像，著作版本以及后人的诗词和题字等。

正厅东侧曲廊间有"叠翠轩"，西侧曲廊南端有"溪亭"，亭旁有"洗钵泉"。院内奇石玲戏，松竹

屏风 古时建筑物内部挡风用的一种家具，所谓"屏其风也"。屏风作为传统家具的重要组成部分，历史由来已久。屏风一般陈设于室内的显著位置，起到分隔、美化、挡风、协调等作用。它与古典家具相互辉映，相得益彰，浑然一体，成为家居装饰不可分割的整体，而呈现出一种和谐之美、宁静之美。

李清照塑像 李清照（1084年—1155年），号易安居士。山东省济南人。宋代女词人，婉约词派代表，有"千古第一才女"之称。她的词作善用白描手法，自辟途径，语言清丽。论词提出"别是一家"之说。代表作品有《声声慢·寻寻觅觅》和《一剪梅·红藕香残玉簟秋》等。今有后人《李清照集校注》。

相映，十分雅致。周围有马跑泉、浅井泉、漱玉泉、柳絮泉和金线泉等名泉，使得整个建筑古朴清幽，既有纪念意义，又具观赏价值。

李清照作的《如梦令》，描述她少女时代在济南的欢乐生活："常记溪亭日暮，沉醉不知归路。兴尽晚回舟，误入藕花深处。争渡，争渡，惊起一滩鸥鹭。"

宋代时，济南城西确有"溪亭。"李清照18岁时，在汴京与太学生、丞相赵挺之的儿子赵明诚结婚。婚后，夫妻两人的感情笃深，常投诗报词。

一年重阳节，李清照作了那首著名的《醉花阴》，寄给在外做官的丈夫：

薄雾浓云愁永昼，瑞脑销金兽。佳节又重阳，玉枕纱橱，半夜凉初透。

东篱把酒黄昏后，有暗香盈袖。莫道不销魂，帘卷西风，人比黄花瘦。

秋闺的寂寞与闺人的惆怅跃然纸上。

1127年，北方金族攻破了汴京，徽宗和钦宗父子

官名。我国古代皇帝的股肱，典领百官，辅佐皇帝治理国政，无所不统。丞相制度，起源于战国，秦朝自秦武王开始，设左丞相、右丞相。明太祖朱元璋杀丞相胡惟庸后废除了丞相制度，同时还废除了中书省，大权均集中于皇帝，君主专制得到加强，皇权与相权的斗争以皇权胜利而告终。

雄丽之园

北方园林特色与名园

被俘，高宗仓皇南逃。李清照夫妇也先后渡江南去，第二年赵明诚病死于建康。

李清照独身漂泊在江南，在孤苦凄凉中度过了晚年。词人连遭国破、家亡、夫死之痛，所作词章更为深沉感人。比如那首著名的《声声慢》：

> 寻寻觅觅，冷冷清清，凄凄惨惨戚戚。乍暖还寒时候，最难将息。三杯两盏淡酒，怎敌他，晚来风急？雁过也，正伤心，却是旧时相识。满地黄花堆积，憔悴损，如今有谁堪摘？守着窗儿，独自怎生得黑？梧桐更兼细雨，到黄昏、点点滴滴。这次第，怎一个，愁字了得？

李清照在南渡初期，还写过一首雄浑奔放的《夏日绝句》："生当作人杰，死亦为鬼雄。至今思项

天下第一泉 趵突泉

■ 李清照纪念堂

重阳节 为农历九月初九日。《易经》中把"九"定为阳数，九月初九，两九相重，故而叫重阳，也叫重九。重阳节早在战国时期就已经形成。到了唐代，重阳节被正式定为民间的节日，此后历朝历代沿袭。重阳节这天所有亲人都要一起登高"避灾"，插茱萸、赏菊花。

羽，不肯过江东。"

李清照在词中借项羽的宁死不屈反刺徽宗父子的丧权辱国，意思表达得痛快淋漓。

在植物配植和树种上突出了园内的泉水丰富和水位较高的特点，以柳树为基调。园内早春一片新绿，夏天绿荫如盖，柳丝婀娜多姿，与柔和的水面构成和谐恬静的景观。

以青松、翠竹、女贞、冬青作为骨干树种，与地形改造相结合，按不同生态条件进行合理配置，同时与自然山石巧妙组合，组成各种画面。

在树种配比上，为解决北方园林冬季景色萧条的状况，增加常绿树种达50%以上。为适应划分空间和组织景区的需要，利用多层次布局增加花灌木、宿根花卉和攀缘植物。局部或乔木或灌木，或群植或散点，因形随势，顺其自然。

植物配置多样统一趵突泉周围建筑严整，植物采用规则式配置，大殿前对植青桐，周围为整型绿篱，并配以翠竹、芭蕉、青松、西府海棠和丁香等。丛林成为远景，相辅相成。

阅读链接

相传当李清照还是少女时，词名已经轰动京师，赵明诚尝有相思之梦。据《琅嬛记》卷中引《外传》，赵明诚小时，一日做梦，在梦中朗诵一首诗，醒来只记得三句话："言与司合，安上已脱，芝芙草拔。"

赵明诚百思不得其解，就向父亲讨教。

他的父亲听了哈哈大笑："吾儿要得一能文词妇也。"

明诚大惑不解，他父亲说："'言与司合'，是'词'字，安上已脱，是'女'字，'芝芙草拔是'之夫'二字。合起来就是'词女之夫'。"一时传为佳话美谈。

古莲花池

古莲花池，地处河北省保定，是保定八景之一，称"涟漪夏艳"。古莲池不仅以"林泉幽邃，云物苍然"闻名，更因与莲池书院同处一址而声名远播。

池水以中心岛为界分为南北两塘，蜿蜒曲折的东西两渠将两塘沟通一体。莲池自古就环水置景，以水为胜，因荷得名。

园中诸景建制小巧玲珑，优雅别致，拙中见巧，朴中有奇，汇集了我国南北古建筑园林风格的精华。莲池实为我国北方古代园林明珠，前人曾用"几疑城市有蓬莱"形容她，有"城市蓬莱"和"小西湖"的美誉。

私家园林演变成的莲花池

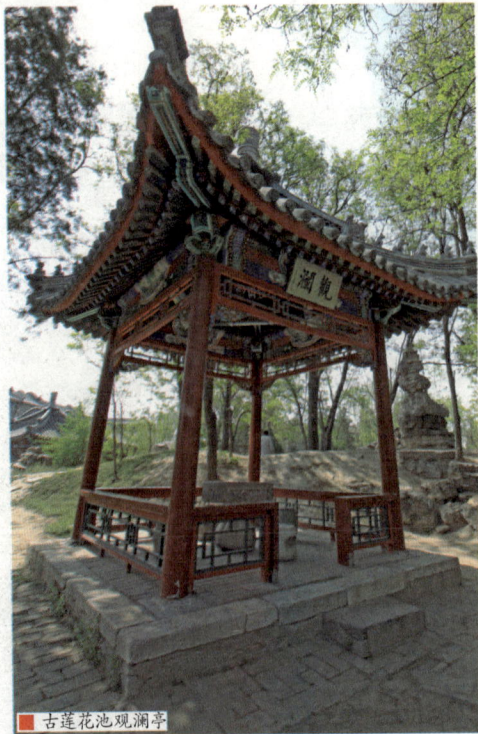

古莲花池观澜亭

古莲花池是我国著名的十大古代园林之一，自元代以来已经有近800年的历史了，特别是设在莲池的莲池书院，在清代声名显赫，曾造就了不少学子。

关于莲池的始建时间，传说较多。有一种传说认为莲花池是唐代开凿的，不过，真正见于史籍记载的是元代始建。

在元代初年，当时的保州城，经宋元战争，已破烂不堪。当时张柔为汝南王，驻守保州，也就是后来的保定，决定复建此城。张柔在复建保定城时共建有四处园囿，其中种香园归自己占有，在当时叫"雪香园"，被作为张柔的部将乔维忠的别墅。

芳润园和寿春院为其他部将占有。在开凿莲池时引一亩泉河水入园，河水由城西水门经西渠入池，向南流出莲花池为东渠，经莲池书院泮池过南水门注入清苑河。自莲池开凿以来，院内的水一直是活水，常年清澈见底。

当时的万卷楼为副帅贾辅的藏书楼。当时张柔任保州元帅，贾辅任副帅。贾辅酷爱藏书，于兵荒马乱之中独喜收书：

南北之书皆入侯府，不啻数万卷焉。始贮于室，室则盈；贮于堂，堂则盈；乃作楼，藏之楼。

时人郝经受贾辅赏识，得以尽读其藏书，成为元代著名的政治家和文学家，受到元世祖忽必烈的重用。

他在《万卷楼记》说道："私家之藏，几逾秘监，故贾侯之书甲天下。"

忽必烈（1215年—1294年），蒙古族，元朝的创建者，蒙古尊号"薛禅汗"，他青年时代，便"思大有为于天下"。孛儿只斤·忽必烈建立了幅员辽阔的统一多民族国家元朝。他在位期间，建立行省制，加强中央集权，使得社会经济逐渐恢复和发展，是蒙古族卓越的政治家、军事家。

■ 古莲花池亭子

这些家族随着元代的衰落也相继衰落了，他们的别墅在明代被征为公用，为水鉴公署，成为保定府衙办公人员办公和休息的场所。

1587年，保定知府查志隆对莲池进行过大修，还特地增建一门，上悬"水鉴公署"四字横匾。由于池内荷花茂盛，当地人俗称为"莲花池"，莲池名字便由此产生，清代正式命名为"莲花池"。

清代初期经过几度兴废，其优越的地理位置和优美的园内环境才被皇家认识到，被辟为皇家园林。经过直隶总督方观承彻底整修后才正式命名"莲池十二景"，莲池的发展达至顶峰，当时莲池的占地面积约有67000平方米。

古莲池园林以池为主体，临漪亭为中心，主要建筑有水东楼、藏书阁、藻咏厅、君子长生馆、响琴榭、高芬轩、寒绿轩及临漪、濯锦、晒然、不如、六

直隶总督 正式官衔为总督直隶等处地方提督军务、粮饷、管理河道兼巡抚事，是清朝九位最高级的封疆大臣之一，总管直隶、河南和山东的军民政务。而由于直隶省地处京畿要地，因此直隶总督被称为疆臣之首。

幢、观澜等亭，宛虹桥、曲桥和元建白石桥等，构成"湖中有景，景中含诗"的优美画卷，使人领略到古典园林之美。

古莲池园内琼楼玉阁，典籍文物，珠玑珍玩，以及奇花异卉，仙禽灵兽，画舫楼船，芙蕖香荷，尽托于山山水水之间，交织成画，交织成诗。

山、水、楼、台、亭、堂、庑、榭参差错落，组成了莲池十二景，博得了"城市蓬莱"的美称。

君子长生馆紧邻北塘西岸，半面建在水上。它典雅洁净，超凡脱俗，好似水中宫厅。正门高悬"君子长生馆"匾额，寓意君子之德，如池中出淤泥而不染，历久繁茂的莲花，与世长存。

该馆为歇山五脊庑殿式建筑，面阔五间，进深两间，四周庑廊环抱。隔扇门窗均为步步锦图案，苏式彩绘雕梁画栋，十分精美。

庑殿式 即庑殿式屋顶，由于屋顶有四面斜坡，又略微向内凹陷形成弧度，故又常称为"四阿顶"，宋朝称"庑殿"，清朝称"庑殿"或"五脊殿"，是我国各屋顶样式中等级最高的，高于歇山式。明清时只有皇家和孔子殿堂才可以使用，之后常用于各类别建筑。

■ 古莲花池绿野梯桥

典故 原指旧制、旧例，也是汉代掌管礼乐制度等史实者的官名。后来一种常见的意义是指关于历史人物、典章制度等的故事或传说。典故这个名称，由来已久。最早可追溯到汉朝，《后汉书·东平宪王苍传》中记载："亲屈至尊，降礼下臣，每赐宴见，辄兴席改容，中宫亲拜，事过典故。"

正间前面突出有罗锅脊抱厦三间，抱厦之外有平台建于水上。馆南北有配房，一称"小方壶"，一称"小蓬莱"，益增其古色古香，优雅清幽之氛围。

藻咏楼是在莲池的水面中区垫造的南北大小两岛。其北岛甚小，即是笠亭所在之处。而由宛虹桥与北岛连接的南岛面积却约有两亩之大，俯视池塘，两岛中分水面。

这一改造，使水由西渠过丽然桥注入池后，原来自西向东的自然流向分为南北两大股。

北流直接向东，穿过曲径桥到水东楼前东渠出水口处。南流，自丽然桥向南，过课荣书舫，由西面环绕流过南岛，经南岛南侧的水塘，过东南渠穿含沧亭与北流汇合后，共出东渠。

东、西出入水口处皆有小水闸，用以控制和调节池中水量。这样，池水形成了蜿蜒萦洄的态势，又保

■ 古莲花池藻泳楼

■ 古莲花池碑廊

持了终年澄澈空明的效果。

藻咏楼坐落于南岛之西南，"前矗峻岩，后临芳渚，池水三面环之，嘉木扶疏以映阶，灵石隈俛以延牖。"楼为马鞍形双重檐脊，底层红柱明廊，栏槛迥绕。楼堂上下，棱窗锦幔。壁间字画琳琅，几上香熏冉冉。在当时，这里是分曹射覆和诗赋酬唱的场所。

由画廊复道可直接来到藻咏楼楼上，在此循栏四望，园中诸景依次浮现眼前。从当年著名学者章学诚登楼赏景，谓为"步移影转，处处叹绝！"的赞美，道出了此楼的修造，在于纵览全园的妙旨。

由此想见，楼名"藻咏"的佳妙之处。藻咏楼下层当年名为"澄镜堂"，堂上悬有"理筠"两字匾额，此是出自"海岳拜石"的典故。

史载宋代著名书法家米芾曾出任无为军州，到任伊始，见衙署内有一巨大的太湖石，形状奇丑，大喜

分曹射覆 是写酒桌上娱乐的情景。曹，是古代度量衡的一种。分曹，就是将大家分组的意思。射覆是一种酒令游戏，射是猜测，覆是覆盖的意思。所谓"射覆"，就是在瓯、盂等器具下覆盖某一物件，让人猜测里面是什么东西。

笏　古代大臣上朝拿着的手板，用玉、象牙或竹片制成，上面可以记事。古时候文武大臣朝见君王时，双手执笏以记录君命或旨意，亦可以将要对君王上奏的话记在笏板上，以防止遗忘。大明规定五品以上的官员执象牙笏，五品以下不执笏。清朝开始，因为礼节和习俗的不同，笏板废弃不用了。

■ 古莲花池高芬轩

道："此足以当吾拜！"

肃然整衣正冠，持笏下拜，并呼石为兄，后世因而留传下来这一典故。澄镜堂外也有巨石，可知这里也是赞石之意。

高芬轩在莲花池北面、晒然亭东，前有高大太湖石，镌刻篆字"太保峰"。西有金丝黄古柏，东有古槐藤萝，前临池水单檐卷棚布瓦顶。

轩面阔两间，内有穿廊复道，外有平台伸入水中，轩内北墙嵌清代康熙帝擘窠大字"龙飞"两字。

据志书记载，清代同治年以前此轩为双层楼阁，取"高芬远映"之意题名，是清同治"莲花十二景"之一，后毁于战火，遂改建为轩。

轩后是碑刻长廊，箍达33米间，内壁嵌有碑刻82方，分为三段。西段有14方，自明王阳明《客座私祝碑》至《蜀山图歌》，草书居多，其中有《罗汉

■ 保定古莲花池碑廊

赞》、《莲池十二咏》等；中段有14方，以行草居多，多为诗歌。

东段有42方，是著名的《淳化阁帖》碑刻，有晋王羲之、唐怀素及颜真卿、宋米芾、明王阳明及董其昌等书法大师杰作。

响琴榭在莲花池园内西北角、莲花池之西岸。榭为三间，东南北三面为敞轩，中为明间，顶部平直，南北两次间顶部分别向两侧倾斜，结构灵巧。

榭下是当年引鸡距泉入池的渠道，称"响琴涧"，呈窄口阔底的几何形图案，上有响琴桥，流水击石，声若琴瑟。

榭东为晒然亭，又名"听琴楼"，气爽风清，是读书作画之地。响琴榭与响琴涧、响琴桥、晒然亭组成"响琴"一景，造型别致，构思独特，为清代同治年间"莲花池十二景"之一。

碑刻 泛指刻石文字或图案。最早的碑刻文字，首推秦朝的"石鼓文"。多数的碑刻有毛笔写件蓝本或书丹上石。但有些摩崖石刻及石窟，往往不经书写而直接用刀在石面上雕琢。无底本的碑刻不容易揣摸书写的笔法，即使根据真迹上石镌刻，也常存在笔意走样。

碑记 是古代文体的一种。碑记又称"碑志"，刻在墓碑上，用于叙述死者生前的事迹，评价、歌颂死者功德。碑指碑铭，志指墓志铭，前者立于地上，后者则埋于地下。碑铭又分为墓志铭、封禅铭和景胜铭。

莲池还收藏着相当可观的经幢碑碣和石造像，它们大多被安置于东碑廊、壁刻长廊和水东楼南侧的木栏中，也有一些散置于园中的假山之上和庭院内、楼堂前，是一份十分珍贵的文化遗产。

一进园门，便可见到春午坡东厢八间碑廊内排立着的19通竖碑。其中有清代乾隆、嘉庆皇帝"巡幸"莲池时赐给直隶督抚疆臣的御制诗碑，有自1587年开始，历代修葺莲池或创办书院、设置行宫的碑记。

碑廊中还有莲池管理处收集来的清代康熙和道光年间立的《重建张光禄井亭碑铭》、《张罗彦赞碑》和《那彦成紫光阁画像赞碑》等，在一定程度反映了当时的历史状况。

1689年，直隶总督于成龙在张府花园旧址重建张罗彦殉难井亭，并亲自写碑文。至1849年，清朝廷再次在于碑旁立了《赞张罗彦诗碑》。

水东楼南木槛内共有六通碑碣经幢，皆是移入莲池的文物珍品。其间的《田琬德政碑》和《王阳明诗碑》都有很高的书法艺术价值。

《田琬德政碑》刻于740年10月，碑高丈余，额篆文行，碑文29行，每行60余字，是田琬由易州刺史改任安西都护时，易州士绅纪念其"德政"而立的，碑由徐安贞撰文，苏灵芝书丹。

苏灵芝是武功人，生活于唐代开

■ 古莲花池诗碑

元和天宝年间，曾任过易州录事。他的书法技艺对当世和后代都有很大影响。

宋代文学家欧阳修称誉苏灵芝为唐代写碑手，他写碑很多，但留传下来的已为数寥寥。此碑书体健美，笔法潇洒流畅，刚柔相济，是研究我国唐代行书法度的重要"唐碑"之一。

《王阳明诗碑》锲刻王阳明草书七绝两首，为王氏寓居庐山时所作。1682年保定浙绍会馆修建王阳明祠堂时，其再传弟子魏莲陆将自己珍藏的两诗真迹献出，请人刻石成碑，立于祠堂中。此碑高丈余，碑阳为《天池月下闻雷诗》：

■ 古莲花池水东楼

昨夜月明峰顶宿，隐隐雷声在山麓。
晓来却问山下人，风雨三更卷茅屋。

碑阴为《夜宿天池诗》：

野夫权做青山主，风景朝昏颇裁取。
岩傍日晴半溪云，山下雷声一村雨。

王阳明是明代著名哲学家，其书法艺术也颇具独特风格。此碑字大径尺，笔力雄健苍劲，章法谨严，

欧阳修（1007年—1072年），字永叔，号醉翁，晚号"六一居士"，吉州永丰人，因吉州原属庐陵郡，喜欢以"庐陵欧阳修"自居。谥号文忠，世称"欧阳文忠公"。他是北宋卓越的政治家、文学家和史学家，他与韩愈、柳宗元、王安石、苏洵、苏轼、苏辙、曾巩合称为"唐宋八大家"。

气度非凡，和诗文交融一体，堪称"艺林双璧"。

这两通碑的后面是明代所刻的《河图碣》和《政训碑》。《河图碣》正面刻河图，背面刻历朝更迭简表。

《政训碑》是1564年，监察御史徐骧巡按保定时留下的训政诗文，由保定知府和清苑知县会衔刻立于府衙庭院之中的。碑文分政训和民隐两部分。政训告诫父母官行政要知大体，驭吏要察隐微，使民要知甘苦，自奉要尝辛味。

民隐是四首民情诗，两者内容都是晓谕官吏随时体察民间疾苦，从而做廉洁奉公、忠君勤民的称职官员。

在碑北侧还立着两幢珍贵的西夏文陀罗尼经幢，两经幢均由幢帽、幢身和基座三部分组成，保存情况完整。幢身为八棱状，上面刻有西夏文字的陀罗尼经。两幢皆刻于1502年。

西夏党项族是我国古代的少数民族之一，宋朝初年在我国西北部曾建立了西夏国，历时达200年之久。13世纪初，成吉思汗西征时灭掉西夏。元朝统一我国后，党项族被列为色目人之一。

保定古莲花池碑廊

明朝朝廷也曾吸收一些色目人参加国家的政事，另一方面，实行不准其本民族通婚，鼓励与汉人同化的政策，因而该族逐渐迁徙内地。但是同化有一个过程，党项族在相当长的时间内还保留着本民族的习惯和使用本民族的文字。

经幢的发现，证明了至明代中叶党项族尚未消失。从幢文所涉及的近百个人名中，既有汉族姓氏，又有党项族姓氏，而且一些党项人还担任一定官职，从中反映了此阶段该族与汉族最后融合的情况。

濯锦亭西有长达33间的半壁廊，廊壁上嵌有3段82通碑刻，其中主要部分即是著名的《莲池书院法帖》。清代末期书院南楼被焚毁后，这些法帖石刻被移嵌在半壁廊廊壁上。在莲池园的藏石刻中，大部分的法书名刻荟萃于此。

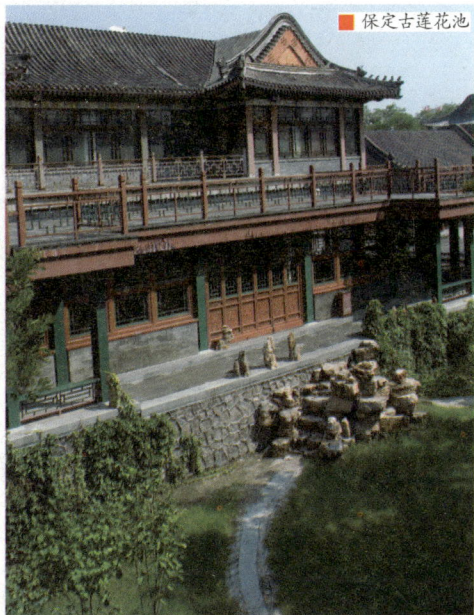

阅读链接

在春午坡、篇留洞、红枣坡等山间亭内，间或还可见到乾隆皇帝的巡幸诗刻石和辽、金、元代的经幢。特别是莲池管理处收集到北宋元祐年间蔡京书驻保定军政官员《贺李升迁诗碑》一通，现存于水东楼后。

蔡京是宋代的书法家，当时与苏轼、黄庭坚、米芾等人齐名，由于政声狼藉，列传奸佞，传世的墨迹不多，刻石更为少见，此碑的发现对研究其书法艺术都具有相当的价值。

莲池书院和清末状元

■ 古莲花池濯锦亭

雍正时，直隶总督李卫在此设立莲池书院，为直隶省唯一的高等学府。

莲池书院建于1733年，位于莲花池西北角，占地约五六亩，有门户与万卷楼相通。后来黄彭年请求直隶总督李鸿章将万卷楼划归莲池书院，供书院藏书之用。

贾辅当年建万卷楼就是为了藏书，但是他的藏书到清代初年已流散完了。

莲池书院建立之后，雍正皇帝御赐过一些书籍，

■ 古莲花池美景

直隶总督方观承也曾拨款购书400函。但是至咸丰年间，这些藏书大多散佚。

至光绪年间，李鸿章曾拨银1500两，购书33710卷，藏于万卷楼，使莲池书院的藏书达到历史顶峰。但好景不长，后来在一场劫难中被烧毁了大半。

莲池书院于清代末期开设"古学"，又招收日本和朝鲜的留学生，并开办东文和西文两学堂。由于都是名师讲学，加上统治者的重视，莲池书院的学生在清政府举办的科举考试中成绩优异，清代著名的金石专家毕沅曾在莲池书院学习，清代最后一名状元刘春霖就是在莲池毕业的。

莲池书院名声很大，以至于要求来学习的学者不绝如缕。由于书院容量有限，通常只能容纳四五十人学习、住宿，许多人只得失望而归。

1669年，直隶巡抚衙门自正定迁到保定后，莲池书院位于省城又是名师荟萃之地，所以备受统治者重

科举考试 隋唐到清代的封建王朝分科考选文武官吏及后备人员的制度。隋代以前采用的九品中正制选拔官员的制度导致出身寒门的普通人无法步入仕途，隋朝开始盖为科举制，使得任何参加者都有成为官吏的机会。清代科举考试逐渐僵化，被称为八股文，后废除。

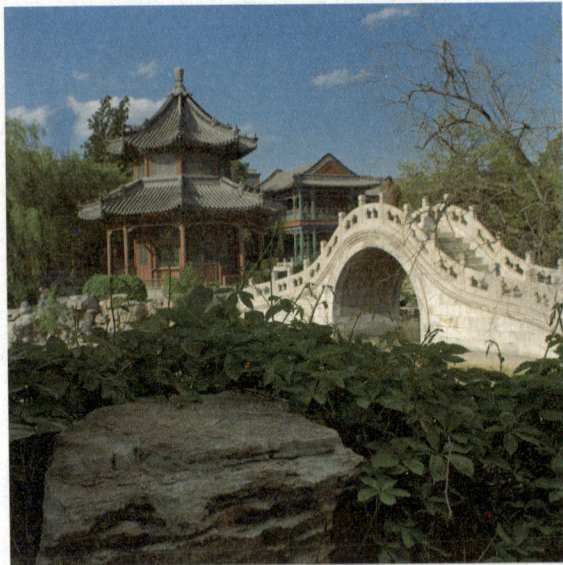

■ 古莲花池美景

雄丽之园

北方园林特色与名园

莲池在乾隆时改建行宫，为此对莲池进行了大修，由直隶总督方观承主持。方观任直隶总督期间政绩突出，深得乾隆皇帝的信任。1751年开始大规模兴建莲池行宫，共12景观，使莲池的发展达到全盛。

"莲池十二景"景名各有所据，大都根据一定的典故和景点特点而命名。濯锦亭在春午坡西南侧，南临荷塘。此亭的命名源出于唐代大诗人杜甫的一首诗。《萧八明府实处觅桃栽》诗末句"濯锦江边未满园"的前两字。

相传在杜甫成都住所旁边的浣沙溪漂洗织锦，能使锦彩更加鲜艳异常，所以叫"濯锦江"。濯锦亭为张柔部将乔维忠所建，建成后其侍女经常在荷塘浣纱，故参照杜甫的诗句起名为"濯锦亭"。

绿野梯桥在寒绿轩西，纵跨南塘上，建于元代，为汉白玉砌成的三孔石桥。为园内唯一的元代建筑，人称"白石桥"。

据《新唐书·裴度传》记载，唐代著名宰相裴度平定藩镇叛乱有功，晚年因宦官专权，辞官退居洛

直隶 我国旧省名。宋制，地方行政机构以州令用劲，其直属京师者称直隶。元不属诸路及宣慰司或行省的府县，也称直隶。明清时期不属府而直属布政司的州称"直隶州"，后来特指河北省。

阳。于午桥建别墅，取名"绿野堂"。

又据《旧唐书·裴度传》记载：

> 东都立第于集贤里，穿山凿池，竹木丛翠，有风亭、水榭、梯桥、架阁，岛屿回环，极都城之胜概。

绿野梯桥命名即由此而来。其他景名也是依据历史典故和景点特点命名的。

后来的清代嘉庆、光绪和慈禧也都来过这里。在历史上，莲池无论是作为私人的别墅，还是作为御苑的行宫，都是严禁外人出入游览的。

在作为行宫的日子里，就是办事人员进入莲池也要携带特制的"腰牌"，经门吏验明之后才能进入，与进入皇宫的要求是一样的。

园林为皇家独有和独享。后来，直隶督军曹锟的

腰牌 古代的帝王宫殿门禁森严，朝廷军政臣吏、皇帝国戚以及当差行走即使可以出入也必须持有出入证。腰牌就是我国古代官吏系在腰间证明其身份，常用作出入宫廷备查的通行证。历朝历代腰牌的质地、款式、规格、铭文等虽有所区别，但作用却是相同的。腰牌是从宋代开始的。

■ 绿野梯桥

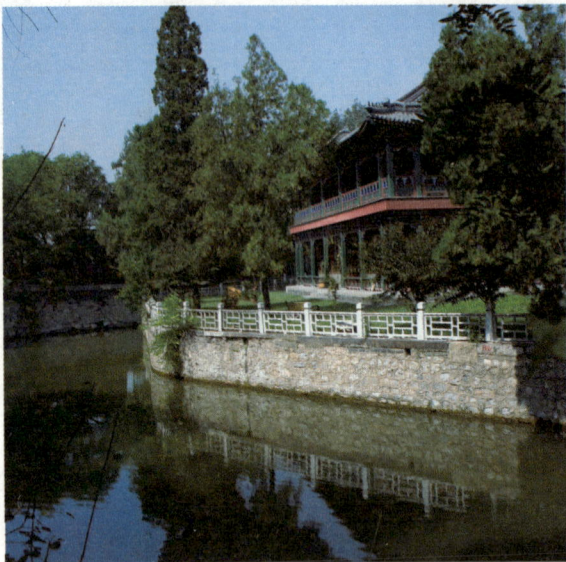
保定古莲花池

秀才 隋朝开始开科取士，最初也为取秀才。至唐代初期，秀才是常科考试的一种，一度变成了读书人的泛称。至宋代时，凡经过各地府试者，无论及第与否，都可以称为秀才。明清时期，秀才是经过院试，得到入学资格的"生员"的俗称。得到秀才资格，是进入士大夫阶层的最低门槛。

弟弟曹锐将莲池改为"古莲花池"。

莲池书院建成之后，培养了很多经天纬地的治世贤才，出现了很多状元，刘春霖就是其中的一个。

刘春霖字润琴，号石云，生于直隶河间府肃宁北石宝村一个普通的农民家庭，考中秀才之后进入保定莲池书院学习十载，后成为乙酉科拔贡生，又以优贡生中式顺天府乡试举人，得以参加在礼部贡院举行的会试。

会考结束，刘春霖榜上有名，第一名的桂冠被广东朱汝珍夺得。

5月21日殿试在皇宫保和殿举行，一般仅考策问一场，时间一天，刘春霖与众贡生清晨入场，黄昏交卷，各阅卷官经过两天审阅，"读卷官"评阅试卷，挑出10份最好的卷子，排定第一至第十名的名次。

24日晨，由皇帝主持，听"读卷官"讲读前十名卷子后，又将试卷呈送慈禧太后，这位独揽大权的西太后，对殿试文字重尚楷法，尤喜疏淡而恶乌方，她以自己的好恶定优劣。

第一份试卷是朱汝珍的。试卷之字圆润浑厚，稳重饱满，只是用笔太重。

慈禧看了，连连摇头，再看姓名，心头猛震。因为他名字中有个"珍"字，顿时联想到被害死的"珍妃，而"朱"又是被清朝消灭的王朝统治者的姓，很是厌恶。再看籍贯是广东，又联想到洪秀全等搅得大清江山不稳的人物，她决不会再让一个广东人做状元来添乱。

于是，翻开第二份刘春霖的试卷，慈禧一看其字疏淡娟秀，先有几分喜欢，便仔细端详起来，并自言自语道："刘春霖，春霖，春霖。"若有所思。

当时正值大旱，举国焦虑。刘春霖的名字使她想到"春风化雨，普降甘霖"，认为这是吉祥之兆，面露喜色。看到刘春霖的籍贯是直隶肃宁时，连连说道："肃宁，肃宁，肃靖安宁。"

这正符合她刚刚饱尝八国联军之苦后渴盼肃靖安宁的心态。于是，她停止阅卷，拿定了让此人做状元的主意。

殿试 为宋、金、元、明、清时期科举考试之一。即指皇帝亲自由题考试。目的是对会试合格区别等第，殿试为科举考试中的最高一段。由武则天创制，宋代始为常制。明清时期殿试后分为三甲，一甲三名赐进士及第，通称"状元"、"榜眼"、"探花"，二甲赐进士出身，第一名通称"传胪"，三甲赐同进士出身。

■ 保定古莲花池风光

按清大代的典制，状元是要由皇帝御笔亲点的。慈禧为了避免众议，便下令送光绪皇帝点状元。

光绪当时已被她软禁瀛台，只能揣摸慈禧意图办事，由他点状元不过是走走过场，便点了放在最上面的试卷刘春霖。

这样，刘春霖被钦定甲辰科殿试第一甲第一名，即状元。就在刘春霖金榜题名后的次年，清朝朝廷宣布"停止科考，推广学校"，科举制度的废除，使出身农家的刘春霖成为我国历史上的最后一位状元，他因此戏称自己为"第一人中的最后人"。

中状元后，刘春霖被授翰林院修撰，次年派到日本东京政法大学留学。归国后，历任资政院议员、记名福建提学使、直隶高等学堂提调和直隶女子师范学校监督等职，后来退隐寓居北平。

在之后的国家危难之中，刘春霖保持了崇高的民族气节，为世人所称颂。

阅读链接

李卫其实并非科举出身，而是靠出钱捐了个监生资格。他身体魁梧，身高2.2米，膀大腰圆，臂力过人。据说，他的两个鼻孔中间相通，麻子脸，而且麻点有铜钱大小。

李卫好习武，召兵设勇建营，专门练搏击拼刺之法。每当捕盗之时，李卫都要身披金甲，亲自登台指挥。李卫还向雍正主动请缨，要到军前冲锋陷阵，但雍正却批示说，这些事还轮不到他。

李卫秉性刚直，不畏权贵。他任户部郎中管理银库事务时，有位亲王的属下对于收缴的白银都要每千两额外加收十两作为库平银。李卫坚决反对，但亲王属下执意要收，李卫就将银柜抬到廊下，写上这是某某亲王的"盈余"，指明是非法收入。亲王闻此大惊，下令停收库平银。雍正也正是欣赏李卫的这一点，即位后才对他大加重用。

十笏园

十笏园是我国北方园林袖珍式建筑。始建于明代，原是明代嘉靖年间刑部郎中胡邦佐的故宅。后于清代光绪年间被潍县首富丁善宝以重金购得，被称作"丁家花园"。

十笏园位于山东省潍坊的胡家牌坊街中段，坐北向南，青砖灰瓦，主体是砖木结构，总建筑面积约2000平方米。因占地较小，喻若十个板笏之大而得其名。

十笏园是一处著名的古代园林，它吸纳了南北园林建筑的精髓，又在此基础上有独到的发展，为这座名园增添了文化内涵。

重金购置的私家府邸

十笏园原是明代嘉靖年间刑部郎中胡邦佐的故宅，清代顺治年间任彰德知府的陈兆鸾和道光年间任直隶布政使的郭熊飞曾先后在此住过。后于1885年被潍县丁善宝购作为私邸，修葺了北部三栋旧楼，题名"砚

十笏园院落建筑

■ 十笏园建筑

香楼"，开挖水池，堆叠假山，始成私人花园。

　　由于潍坊处于南方和北方的交界地，故园林的风格也显出南方和北方两种风格。这里的商人和文人，既可以南下苏杭，也可以北上京都。两处各具的优点长处在这个宅园中也表现得淋漓尽致。

　　十笏园园主名丁善宝能诗能文，还著有《耕云囊霞》等文集。他购得这所宅子后，在改建的时候辟一区宅园，这个小如笏板的园林，按园主说园太小只"十个笏板"大。

　　"笏"为古时大臣上朝时拿着的狭长形手板，多用玉、象牙或竹片制成。丁善宝在他的《十笏园记》中对十笏园的命名作了解释：

　　　　以其小而易就也，署其名曰十笏园，亦以其小而名之也。

布政使 承宣布政使司的长官为布政使，官品为从二品，掌管一省的民政、田赋和户籍。后为加强统治，设置总督、巡抚等官，布政使权位乃轻。清代正式定为督、抚属官，专司一省财赋及人事，与专司刑名的按察司并称两司。

■ 十笏园石刻

"十笏"一词，来自唐人所著《法苑珠林》，在此书的《感通篇》中说，印度吠舍哩国有维摩居士故宅基，唐显庆中王玄策出使西域，过其地，以笏量宅基，只有十笏，故号方丈之室，后人即以"十笏"来形容面积很小的建筑物。

此园面积仅2000余平方米，确是小园，丁善宝即取此意。还有一种说法就是，丁善宝处事谨慎，恐怕树大招风，故命名为小园而已。

当时，丁善宝请了他的文友觚菊畦、刘子秀和于敬斋共同设计，造园只有八个月就竣工。一时名家汇集，歌咏觞事不断，王端麟有《沁园春》一词写道：

三弓隙地拓开尽，子久云林费剪裁。有方塘半亩，镜湖激滟，奇峰十笏，灵璧崔嵬，曲榭留云，清泉戛至，野草闲花自栽。萧闲甚，是看山已足，五岳归来。

平度的白永修有《十笏园题句》写道："赤栏桥畔水亭西，亭下微风飔钓丝。荷叶染衣花照眼，令人错认铁公祠。"

十笏园是整个丁善宝宅建筑群落的一部分，该建筑群落建筑面积为10400平方米，古建筑房屋200余间，其中仅十笏园中的大小建筑就多达34处。十笏园平面呈长方形，由中、西、东三条古建筑轴线组成，中轴线建筑及其院落为园之主体部分。

进大门东行为前院，正厅即十笏草堂。结构为三开间七檩，无廊硬山顶，明间雕花门，上悬清代金石学家陈介祺手书"无数青山拜草庐"匾额。堂前山石花木散点，池中荷香四溢，碧波涟漪。

四照亭取其四面阳光普照之意，亭呈方形，为六檁卷棚式歇山顶，四周有坐凳栏杆。该亭水环四面，荷风水月，颇富诗意，西有曲桥同回廊相连。

亭中有清代状元曹鸿勋所题"四照亭"横匾，亭外悬有"涛音"，是清代书法家桂馥手迹。亭柱上对联为："清风明月本无价，近水远山皆有情。"亭前悬对联："望云惭高鸟，临水愧游鱼。"

顺回廊曲桥步入池心，四面环视，荷花满池，景色宜人。亭内石桌凳，是当年园主举觞流连、咏诗之处，四面桥栏可坐，可观赏池水荷花和假山全景。曲桥与回廊相接的地方，还有一副对联为："于心有不厌，即事多所欣。"

亭北面的六角门上有"鸢飞鱼跃"四字石刻，原为唐代韩愈于贞观年被贬为阳山令所书的自勉之作。字体飞动婉转，气贯长虹。

园内的石刻，为清中期书画家翟云升临摹，惟妙惟肖。

亭东北角筑有船形建筑，名称"稳如舟"，亭临水池如舟形，故名。此亭建筑巧妙，为六檁卷棚式顶，外形如船，恰似抛锚水中，随时可以起锚解缆，引人遐思。稳如舟小亭的北门，有对联为：

山亭柳月多诗兴；
水阁荷风入画图。

十笏园喷泉

卷棚式 屋顶也成为元宝脊，其屋顶前后相连处不做成屋面脊而做成弧形的曲面，也就是说卷棚式屋顶的"正脊"是弧形的，与普通人字形屋顶不一样，没有屋顶的正脊。譬如北京颐和园中的谐趣园，屋顶的形式全部为卷棚式屋顶。

■ 十笏园石刻

水池东临半壁假山，山高10米，南北长30米，东西宽15米，是依东轴线上院落的房屋山墙以太湖石而建。拾级登山，山径崎岖，怪石嶙峋，路随峰转，其势巍峨。间有水池、山洞、瀑布、山门之设，山间杂植松柏草木，四时常青，经冬不凋。

蔚秀亭建于假山之巅，取自宋朝欧阳修《醉翁亭记》，"望之蔚然而深秀者，琅琊也"中"蔚"、"秀"两字而名。亭内有扬州八怪之一金农的白描罗汉石刻一块，姿态妩媚，造诣新奇。旁有孤松一棵，有对联为："小亭山绝顶，独得夕阳多。"

山南建有落霞亭，为四檩卷棚式结构。亭内装嵌有郑板桥手迹刻石"笔墨三则"、"田游岩"和"题画竹"各一，所悬"聊避风雨"为郑板桥的手笔。

顺山径而下，卵石铺路，位于荷池东南假山角下，有一六角攒尖顶小亭建筑，名"漪岚亭"。此亭

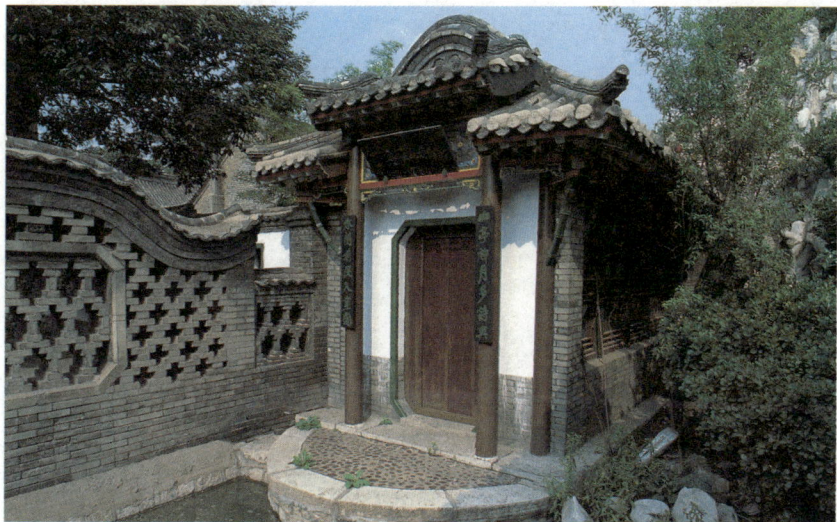
■ 石刻建筑

小巧别致，坐于亭槛，平视喷泉，银珠万点，边起边落。俯视游鱼，飘忽不定。

池水的波纹即"漪"，山中之云气即"岚"，故名。宋代名臣富弼的园亭就曾用此名。漪岚亭与山上的蔚秀亭相呼应。

小沧浪亭与漪岚亭相对，是一座四角攒尖顶，覆以茅草之亭，其四柱为原始松木建筑，越见其淡雅古朴，富有野趣。沧浪，取意于《楚辞·渔父》：

沧浪之水清兮，可以濯吾缨。
沧浪之水浊兮，可以濯吾足。

亭下池边有大石一块，正可濯缨濯足。

宋代诗人苏舜钦曾筑沧浪亭于苏州，为著名园林。小沧浪正是园主借苏州拙政园沧浪亭而命名的，又因此亭较小，故名"小沧浪"。亭内有石桌和石

白描 中国画技法名，指单用墨色线条勾描形象而不施彩色的画法。有单勾和复勾两种。以线一次勾成为单勾，有用一色墨，也有根据不同对象用浓淡两种墨勾成。复勾线必须流畅自然，否则易呆板。物象之形、神、光、色、体积、质感等均以线条表现，难度很大。

凳，可在此饮茶乘凉，又可以濯洗。

在水池的西侧有回廊，它把西轴线与中轴线景观巧妙而有机地隔开，起到了既合理分布景观，又增加观赏性建筑的作用。廊上雕花牙，柱间设栏杆，在长廊的墙上嵌郑板桥竹兰图石刻五通。

最南端为丁善宝撰、翰林丁良干书写的《十笏园》，记述了建园情况，是十笏园最好的史料。最北端有张昭潜撰、曹鸿勋书写的《十笏园记》。

出回廊而北，院西二层小楼即春雨楼。此楼为三开间七檩庑殿式建筑，楼门抱厦出廊，辅以坐凳栏杆，取名"春雨楼"。是借宋代诗人陆游诗《临安春雨初霁》中的名句"小楼一夜听春雨，深巷明朝卖杏花"而为。它虽建于清代，但又取宋代建筑特点，雨天登楼，窗外一望别有雅趣。

院中的北楼为十笏园的主体建筑，为明代所建，名为"砚香楼"。其结构为两层，两开间五檩，硬山顶。楼前有月台，圆窗方台，古色古香。楼上门窗外有前廊，设栏杆护之。

砚香楼是原园主人藏书和读书之所，其名借唐诗人李贺《杨生青

十笏园水池

花紫石砚歌》中"纱帷昼暖墨花春，轻沤漂沫松麝重"之句，就是说，白昼书房温暖如春，研墨起花纹，墨汁发出阵阵松麝香味，故取此意而名。

站在楼上向前望去，"崖壁假山，飞瀑流泉，藕塘蓬蒲，莲叶田田"，十笏园全貌尽收眼底。正如诗写道：

欲醉春雨楼，砚香十笏堂。
桥通四照亭，漪岚小沧浪。

西轴线上一排西厢房共八开间，其院称作"园中园"。自南至北，第一为静如山房，取其安静娴雅、洁净之意，是比较高级的厢房。

秋声馆取欧阳修《秋声赋》而名，为客人的下榻之处，前出抱厦并有坐凳栏杆。

在园的西院北过厅处有一个书堂，名叫"深柳读书堂"。唐代诗人刘慎虚诗的《阙题》写道："闭门

陆游（1125年—1210年），字务观，号放翁，浙江绍兴人。南宋诗人。少时受家庭爱国思想熏陶，高宗时应礼部试，为秦桧所黜。孝宗时赐进士出身。中年入蜀，投身军旅生活，官至宝章阁待制，晚年退居家乡。他创作的诗歌很多，存九千多首，内容极为丰富，多为抒发政治抱负，反映人民疾苦。抒写日常生活的，也多清新之作。

向山路，深柳读书堂。"

因而借用为书塾名称，表示自己志趣在于读书，不好交往，深深柳荫中的堂屋里正好读书。清代贺国麟、何日浩和钱向杲等，都曾用此作书斋名称。

过深柳读书堂，入小院，北厅即颂芬书屋，为园内的主体书房。厅内雕梁画栋，熠熠生辉。此厅后院，西为厢房，北厅名雪庵，康有为游十笏园后改题为"小书巢"。

阅读链接

碧云斋位于东轴线上，有碧云斋等院。碧云斋为园主人之家居，取碧色天空，晴穷万里之意。

东西有小廊，东廊内装有冯起震画竹刻石十块，分别由董其昌、邢侗、李晔题跋，西廊内嵌有招子庸画竹刻石。

画上招子庸自题诗写道："写竹当师竹，何须法古人，了然心眼手，下笔自通神。"

十笏园中的珍贵碑石

此外，在十笏园中还保留有许多的碑石。

城隍庙碑高1.9米，宽0.8米，厚0.2米。碑文20行，每行47字，为郑板桥所撰并书，通篇楷书，在郑氏书作中极为少见，称为"三绝碑"。

郑板桥不信鬼神，在碑文中直道神为人所造，神权是人所授，有朴素唯物主义思想，称一绝。书法为郑板桥楷书杰作，也称一绝。丹书石上，由其高足司徒文膏刻，不失笔意，与真笔不差毫厘，又是一绝。

碑旁为唐代铁佛造像，据《潍县志稿》及碑刻记载，石佛寺在宋代以前名

板桥字画石刻

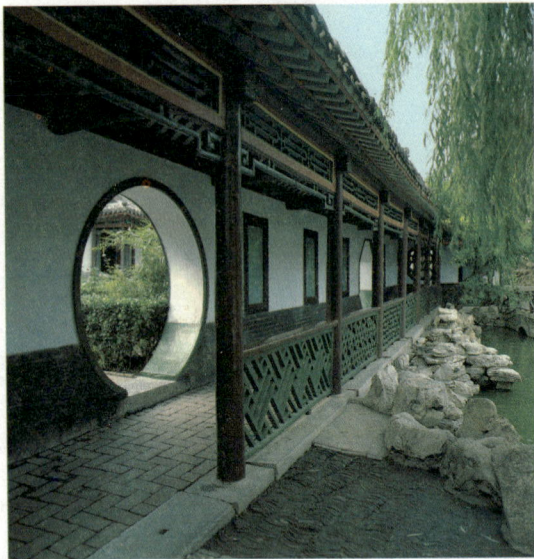
十笏园走廊

雄丽之园

北方园林特色与名园

为"铁佛寺"，铁佛寺毁，改建为"石佛寺"，铁佛遂埋于地下。

铁佛像高3米，宽2米，约重5吨。下部及手部残毁，系分段排模铸造，体现了古代铸造艺人高超的铸造工艺。

铁佛造像盘腿趺坐，左手端胸前，右手前伸，面部丰腴端庄，鼻端隆起，宽额丰腮，双目微合，面呈慈祥微笑状，美发高髻，穿博带式大衣，附璎珞，造型优美，体现出唐代典型艺术风格，是我国罕见的巨型铁佛造像。

龟蛇碑原在潍城玉清宫内，上书"龟蛇"两字，故名，碑名为金代道士谭处端所书。"龟蛇"两字为象形体草书。字体飞动劲拔，气势雄伟，一笔挥就。

玉清宫为一道观，道教认为，北方之神为玄武，它的形象是龟蛇合体，道士谭处端书此两字意为敬玄武，道教祀玄武时以龟蛇两物之像置于其旁。

龟蛇碑旁为文徵明石刻，文徵明是明代著名的书画家，江苏苏州人，正德末年，以诸生岁贡荐试吏部，任翰林院待诏，嘉靖初年预修《武宗实录》。因其不附和卑躬屈膝于张璁和杨一清的淫威，辞官归乡，行草书有智永遗意，大字仿黄庭坚，尤精小楷。

文徵明擅画山水，师法宋元，笔墨苍润秀雅，

道士 对信奉道教教义并修习道术教徒的通称。《太霄琅书经》称："人行大道，号为道士。""身心顺理，唯道是从，从道为事，故称道士。"道士之名源于战国，也称方术之士，习惯上将男的称为道士、黄冠；女的则称为女冠、女真。

人称"吴门派"。与沈周、唐寅、仇英并称"明四家"。又与祝允明、唐寅、徐祯卿切磋诗文，人称"吴中四才子"，有《甫田集》传世。

园中石刻内容为：

万事年来尽扫除，无端翰墨尚留余。
欲缘鸥鸟投丹粉，还为鹅群写道书。

董其昌书法石刻，董其昌为明朝书画家，字元宰，号思白，香光居士，上海市松江人。万历己丑进士，官至南京礼部尚书、詹事府詹事，以书画而蜚声朝野。画山水，宗北，其作品秀润苍郁，超然出尘，疏宕秀朗，颇有特色。

吏部 我国古代官署。西汉尚书有常侍曹，主管丞相，御史，公卿之事。东汉改尚书常侍曹为吏曹，又改为选部，魏晋以后称吏部，置尚书等官。隋唐时期列为六部之首，历代相沿。吏部掌管全国官吏的任免、考核、升降、调动等事务。1911年，清政府的责任内阁设立制诰、铨叙等局，吏部遂撤。

■ 十笏园建筑

■ 十笏园风光

此石刻有董其昌行书一幅："萦涛淡不流，金碧如何拾；迎晨含素华，独往事朝汲。"

下有于祉跋："杨君润轩，既刻衡山书，并此卷上石，此亦吾家故物也。笔力大似李北海。乙卯秋识。"

张瑞图石刻，张瑞图为明末的福建晋江人，1626年晋礼部尚书兼东阁大学士。时魏忠贤用事，忠贤生祠碑文，多出其手书。崇祯初罢去，定逆案，被贬为民。善画山水，工书法，与米万钟和董其昌等齐名，有《白毫庵集》留世。

园中石刻内容为：

一夜春雨过，千畦尽成绿；

不晓意所欣，道是斋厨足。

在十笏园内，还有一处特别的存在，就是郑板桥专题陈列室。郑板桥名燮，字克柔，号理庵，又号板桥，江苏兴化人。他出身贫寒，性情落拓，不拘小节，人多目为狂士。曾任清潍县知县，为"扬州八怪"之一。

应科举为清康熙秀才，雍正举人，乾隆进士。1742年春，任范县知县，后调任潍县知县。郑板桥任潍县知县七年，最大的政绩是救济灾民。

当时潍县发生百年不遇的大旱，大批灾民流离失所。"十日卖一儿，五日卖一妇，来日剩一身，茫茫即长路……"是当时的真实写照。

面对这种境遇，他采取果断措施，一面先行开仓赈贷，令百姓具券借粮，一面向上呈报。对于积粟之家，不分绅商，尽行封存，责其平粜。还修筑城墙，疏浚城河，以工代赈。

"衙斋卧听萧萧竹，疑是民间疾苦声，些小吾曹州县吏，一枝一叶总关情。"他处处关心百姓，千方百计拯民于水火之中，因此触犯了豪绅巨贾的利益，后遭诬告而被罢官。

郑板桥对诗、书、画皆有成就，号称"三绝"。

其画秀丽苍劲，随意挥洒，妙趣横生，尤善兰、竹、石。诗文讲究真情，傲放慷慨，恻恻动人。书法则糅楷、行、草、隶而为一，圆润古秀，自号"六分半书"。著有《板桥文集》、《板桥家书》、《板桥诗钞》等。

郑板桥陈列室共四个部分，第一部分为序言部分，除文字、实

知县 秦汉之后，将县令设为一县的主官。宋朝时期常派遣朝官为县的长官，管理一县的行政，称"知县事"，简称知县，如当地驻有戍兵，并兼兵马都监或监押，兼管军事。元代县的主官改称县尹，明清代以知县为一县的正式长官，正七品，俗称"七品芝麻官"。

125

园林奇葩

十笏园

■ 郑板桥陈列室

物外，还有郑板桥画像及塑像。

第二部分重点陈列郑板桥在潍县遗留的碑刻，其中有郑氏撰文并书写的"城隍庙碑"原碑，院中还有一通石刻，是郑板桥所书"润格"，真隶相参，杂以行草，是其书法代表作之一。

第三部分陈列有郑板桥手迹以及文字图表等，介绍郑氏生平及艺术造诣。

第四部分则是后世对郑板桥的纪念陈设。

十笏园面积虽小，但在有限的空间里，能呈现自然山水之美，含蓄曲折，引人入胜。园中假山池塘、曲桥回廊、亭榭书房等建筑共34处，房间67间，紧凑而不拥挤，身临其境，如在画中，给人一种布局严谨、一步一景的感觉。

整个园林疏密有致，错落相间，集我国南北方园林建筑艺术之大成，体现出北方建筑的特色，是我国古典造园艺术中的奇葩。

阅读链接

郑板桥任潍县知县时，有一天差役传报，说是知府大人路过潍县，郑板桥却没有出城迎接。原来那知府是捐班出身，光买官的钱，就足够抬一轿子，肚里却没有一点真才实学，所以郑板桥瞧不起他。

知府大人来到县衙门后堂，对郑板桥不出城迎接，心中十分不快。在酒宴上，知府越想越气。恰巧这时差役端上一盘河蟹，知府想：我何不让他以蟹为题，即席赋诗，如若作不出来，我再当众羞他一羞，也好出出我心中的闷气！

于是用筷子一指河蟹说：此物横行江河，目中无人，久闻郑大人才气过人，何不以此物为题，吟诗一首，以助酒兴？

郑板桥已知其意，略一思忖，吟道：八爪横行四野惊，双螯舞动威风凌。孰知腹内空无物，蘸取姜醋伴酒吟。

知府十分尴尬。

乐家花园

　　乐家花园位于北京西北部海淀区的苏州街，距圆明园1000多米，与海淀军机处近在咫尺，为清太祖的次子礼亲王代善后代所建。原为礼亲王别墅，俗称"礼王花园"，光绪年间为"安铎园"。后来归同仁堂乐静宜所有，故又称"乐家花园"。

　　花园占地约33000多平方米，南北走向，呈长方形，布局主要以对称为特点。各院落堆山叠石，前园显得严谨，后园显得活泼，在自然空间叠置大面积各种不同形式的假山，把园中各个景区相隔，花木扶疏，曲径通幽，是一处难得的园林佳境。

礼王园的相关建筑历史

在清代的开国诸王中，有八家可以说是"世袭罔替"，世世代代爵位不变，子子孙孙承袭王位，俗称"八铁帽子王"。

礼亲王代善为清太祖努尔哈赤的次子，代善协助其父打江山，

努尔哈赤画像

"内佐国政，外率重兵，南征北伐，军功卓著"，被封为大贝勒。努尔哈赤死后，代善以兄长的身份，拥戴其八弟皇太极即位。

1636年，皇太极称帝，改国号为清，对诸兄弟子侄加封。封代善为和硕礼烈亲王，列为八铁帽子王之首。代善去世后，礼亲王爵位由其子孙世代承袭。礼亲王历传十世，有11人袭爵。

在清朝朝廷入关之前，开国诸王在盛京也都建造有属于自己的府第。清朝

■ 园林建筑

朝廷1644年迁都北京后，忙于军事统一，无心大兴土木，对入关有功的八家铁帽子王，所赐大型府第，多数是明朝皇亲国戚和朝臣的旧宅。

礼亲王代善，于1645年奉召来京，被赐的府第就是明朝崇祯帝外戚周奎的故宅，这是礼王府的开始。

在顺治和康熙初年，连皇帝的离宫，也只有前朝留下的南苑团河行宫和西郊澄心园，王公大臣更不可能营建私邸别墅了。

1681年，康熙皇帝平定"三藩"之后，国家趋于统一。康熙帝在西郊明朝皇亲李伟所建造的清华园旧址上修建畅春园。此后，康熙、雍正和乾隆时，都在西郊大规模地营建皇家园林，同时也出现了皇帝的赐园和王公大臣的私园。

在平定"三藩"的作战中，礼亲王家族再建功勋。当时的礼亲王是第三次袭爵的代善之孙杰书，杰

爵位 原本是指诸侯获封赐的封建等级，因此爵位本来是与封建制度密切相关的。历史上有一些爵位是介乎封建诸侯称号和有名无实的名衔之间，或者正处于由一种地位演变至另一种地位的过渡阶段。

■ 园林建筑

将军 春秋时代以卿统军，故称卿为将军，一军之帅也称将军。宋元明代，多以将军为武散官，殿廷武士也称将军。明清两代，有战事出征，置大将军和将军，战争结束则免。清代，将军为宗室爵号之一，驻防各地的军事长官也称将军。

书承袭亲王爵之后，不称礼，改号康亲王，曾于1668年奉旨拘讯鳌拜。

后来，杰书被命名为大将军，率兵平定"三藩"之乱，出兵讨伐靖南王耿精忠。杰书作战勇敢，善于谋略，转战浙江和福建等地。

数年后，在福建成功平定耿精忠。杰书凯旋返京的时候，康熙皇帝亲自率领王公大臣到卢沟桥迎师劳军，之后杰书又率兵出张家口，屯兵归化城，防御噶尔丹。

可以说，杰书是战功累累，又是正红旗旗主和议政王，在朝野中的权势很大，群臣十分敬畏他。

这时，他按照清朝的亲王府制，对礼王府进行了扩建，这是当时的政局和财力所允许的。同时，杰书也看中了西郊的这片风水宝地，在西郊修建别墅，名为"乐善园"，也称"康亲王园"，园内建筑十分精致。据《礼王家传》记载：

康熙三十三年闰五月，康熙帝幸临康亲王别墅，由于"眷礼特隆"，御书"为善最乐"四字为额，故称"乐善园。

至乾隆年间，第七次袭亲王爵的永恩在海淀建造了礼王园。康亲王永恩是杰书的曾孙，幼年时被封为贝勒。

永恩自幼读书骑射，为学日益求精，作诗、古文皆有法，深受乾隆皇帝的喜爱，经常随从皇帝出巡边塞。1778年，乾隆皇帝追念代善的功劳，仍复原封号"礼亲王"。

永恩字惠周，号兰亭主人，又号绿漪主人，是当时的著作家和艺术家。他承袭礼亲王的爵位52年，享年79岁。朝政之余，永恩经常以笔墨为娱，善长诗

乾隆（1711年—1799年），爱新觉罗·弘历的年号，弘历是清朝第六位皇帝，定都北京后第四位皇帝。年号乾隆寓意"天道昌隆"。乾隆帝25岁登基，在位60年。在发展清朝康乾盛世局面做出了重要贡献，确为一代有为之君。庙号清高宗，谥号法天隆运至诚先觉体元立极敷文奋武钦明孝慈神圣纯皇帝。葬于清东陵之清裕陵。

■ 园林美景

文，知晓音律。

平时喜欢书法和绘画，尤以指画见长，著有《诚正堂集》和《律吕元音》等，并辑戏曲《漪园四种》，他以艺术家的鉴赏力，设计布置的园林，有很多独到之处。

永恩以后的几代礼亲王，不断对该园增修，永恩之子昭木连，是当时的文学家和诗人。到昭木连的时候已经是第八次承袭礼王爵了，著有《礼府志》和《啸亭杂录》。

其中，《啸亭杂录》保存了不少清代历史掌故，是人们研究清史的重要参考资料。他有诗稿30卷，后因故革去王爵，其诗稿被家仆焚毁。

昭木连将记忆所及，集为《蕙荪堂烬存草》二卷，其中五言律诗《万泉庄晚眺》中写道：

四望唯烟水，空蒙涨晚堤。

野莺啼远树，孤鹭下新畦。

白发栽青稻，青蓑轹短犁。

西山遥送雨，一抹暮云低。

■ 花园美景

■ 花园建筑

据说就是昭木连寓居在礼王园时所作的。

至1860年，在《清西郊园林图》中，海淀镇南部已经明确标有"礼王园"的确切位置。最后对礼王园全面修缮。

阅读链接

在前园的假山之上，有《无云亦趣》刻石一块，镌年为光绪己卯，也就是1879年。

当时，礼王园主是末代礼亲王世铎，世铎于承袭爵位之后，历事咸丰、同治、光绪和宣统四朝。同治年间，授予内大臣和右宗正的职位。后来，恭亲王奕䜣罢政，命世铎为军机大臣，次年，任军机处领班。

1892年，世铎奉命总办慈禧太后60岁"万寿"。1894年，慈禧太后"万寿大典"之时，赐亲王双俸。

1900年，八国联军进犯北京，世铎未随慈禧太后及光绪帝"西巡"，召赴，也以病未至，次年罢直，授御前大臣。世铎时对礼王园的修缮，使礼王园最后定型。

园内的格局和衰落易主

礼王园占地约33000多平方米，全园布局可以分为寝居区、山林野景区和园林区等数组建筑。

礼王园大门东向，进三楹大门后，是一条数十米长的青石铺砌的石道，石道南北各建有朝房十余楹。再进有小式宫门三楹，沿石道前进，有一座大型青石叠山，山势高耸，犹似屏风，挡住去路，这是设计者的含蓄之笔。

礼王园风景

沿山间石道缓步，忽然开阔。可见南峰平台上，建有四角小亭一座。沿瞪道拾级而上，登亭远望，北望可览全园，向南可远眺万泉庄之田野村

■ 园林建筑

舍，视野豁然开朗。

过假山向北，建有东西垂花门两座，进门为前园。前园布局严谨，正中是坐北朝南的双卷歇山顶正殿，为五楹，前廊后厦，东西两侧有贴山廊五间，这是前园的中心建筑。

殿内用书格子、博古架和硬木雕花隔断分隔成前后厅。大殿的东西两侧，放置有两座太湖石假山，山态峻峭多姿，颇具神韵。

正殿东面的假山台上，建有东配殿三楹，周围山石环绕。正殿的西面建有月台一座，四周以汉白玉雕栏。台上叠有台山一座，中间高峰用大型太湖石叠成，呈山字形。月台南北两侧堆置青石，这种台山堆石，在北京的园林中是非常少见的。

正殿的对面是七楹倒座殿，中间突出三楹小戏台

博古架 一种在室内陈列古玩珍宝的多层木架，博古架中分有不同样式的多层小格，格内陈设各种古玩、器皿，故又名为"什锦槅子"、"集锦槅子"或"多宝槅子"。每层形状不规则，前后均敞开，无板壁封挡，便于从各个位置观赏架上放置的器物。

一座，是盛夏纳凉和喜庆演出的场所。正殿北面有一个荷花池，池中有小桥，桥上建有八角圆顶桥亭一座。荷花池边点缀有青石，呈各种动物的造型，栩栩如生，耐人琢磨。

花窗 为建筑中窗的一种装饰和美化的形式，既具备实用功能，又带有装饰效应，花窗多见于古典建筑中，在我国古典建筑中，花窗多采用各种图案的窗棂进行装饰和美化，常见于格扇门窗中，窗棂的出现体现了窗的功用由简单的实用功能发展到了实用与审美功能的结合。

过桥登岸，迎面是五间敞宇，敞宇的东西两侧建有粉墙半廊和水榭，粉墙开六角形或扇形花窗。正殿与东配殿、月台、敞宇之间都有游廊相连，与前园浑为相融，合为一体。

穿过敞宇，是一道长约百米，横亘东西的大型假山，山名为翠秀岩。山上峰叠起伏，剑石耸生，石间松柏林立。岩石上镌刻着"群峰耸秀"、"苔痕上阶绿"、"一径入云斜"和"太极圆通"等楷书和草书书写的诗文佳句。

假山的中间有一山洞，洞顶叠一太湖石，远看

■ 园林景观

好似一只垂头的大象，背驮宝瓶。象为吉祥之物，寓意着吉祥和平安。穿过此篆有"石绮洞"三字的山洞，进入后园。

后园建筑相对活泼，主要以人工堆土的叠石造山为主，错落有序，或曲径通幽，峰回路转；或豁然开朗，天外有天。既独立成景，又景景相连。

后园的布局可以分为正院、西北院和东北院数组建筑。正院中央是单卷歇山顶正厅五楹，前有月台，月台下左右植有两棵玉兰树，树龄已有200多年了。

正院的厅堂名为"玉堂富贵"，玉堂取于玉兰的树名，其花与牡丹同称为富贵花，所以得名，人们习称此院为"玉兰院"。在"玉堂富贵"的殿后，堆土成山，山势低矮。出山北口，有前后两座五楹殿堂，西侧有曲廊连接，自成一院。

玉兰院向西折北，有两组大型的叠山，突兀矗立，山势高耸，峰石争峭。过月牙河小桥，穿过双峰对峙的山口，是隐蔽在山石间的西北院。西北院正殿五楹，前后出平顶罩房各三间，西侧有封闭式的曲廊与后殿相连。

院内外广种腊梅，每至冬末春初，腊梅开放，冷香四溢，沁人肺腑，人称"梅香院"。

■ 礼王园亭子

137

园林佳境

宋家花园

月台 在古时建筑上，正房、正殿突出连着前阶的平台叫"月台"，月台是该建筑物的基础，也是它的组成部分。由于此类平台宽敞而通透，一般前无遮拦，故是看月亮的好地方，也就成了赏月之台。

歇山式 在形式多样的古建筑中，歇山式建筑是最基本、最常见的一种建筑形式。即前后左右有四个坡面，在左右坡面上各有一个垂直面，故而交出九个脊，又称"九脊殿"或"汉殿"、"曹殿"，这种屋顶多用在建筑性质较为重要、体量较大的建筑上。

"梅香院"前稍西，堆土成山，土山上有单檐四角亭一座。登亭极目西眺天光云色，晴日可观西山晴雪和玉泉塔影。玉兰院往东，穿过山洞，园路曲折，在峰石间行数步，北有山口可进，步入东北院，这里独立成景。

迎面是双卷棚歇山式殿堂五楹，前廊后厦，东西两侧贴山廊，殿东侧有曲廊与后殿相通，建筑格局与"梅香院"遥相对称。院内种西府海棠数十棵，故称"海棠馆"。每至春天，粉红色花朵开满枝头，十分鲜艳。

殿堂阶下两侧，各有汉白玉的方形花坛一座，上有浮雕翠竹，雕刻精致。

"海棠馆"的东侧有园门可以直通东园，东园建

■ 园林美景

■ 苏园林建筑

筑不多，以山和林为主。曲径小路，怪石点缀。山阜
不高，山底部砌虎皮石矮墙。山顶遍植松柏，绿荫蔽
日，是为山林野景区。

山间南侧的高台上，有四角单檐小亭一座，北有
敞宇三楹，前出平台，可以演出戏曲，相传这里经常
有戏班演出。敞宇对面正北，有东西走向的粉墙一
道，中开瓶门，正北有轩三楹，东西有曲廊。院内苍
松翠竹，环境恬静幽雅。

山林区以东是寝居区，由多进四合院式的建筑组
成。礼王园大宫门往北有二宫门，为三楹。进门正
北，有穿堂殿五楹，东西配殿各三楹。进垂花门，为
二进院，北有正殿五楹，东西配殿各三楹。

四周有抄手游廊，将正殿及垂花门连为一体。再
进为三进院，后院正北有后罩楼一座，五楹两层，四

浮雕 雕塑与绘
画相互结合的产
物，采用压缩的
方法来对对象进
行处理，展现三
维空间，并且可
以一面或者是两
面进行观看。浮
雕一般是附着在
另一个平面上，
所占空间小，所
以经常用来装饰
环境。浮雕的主
要材料有石头、
木头、象牙和金
属等。

周以林木山石点缀。

　　清代末期，礼王府随同清王朝而日渐衰落。不断向同仁堂借账，多至数万两。最终只好以园抵债，将礼王园卖给同仁堂乐家。

　　礼王园易主，成为乐家的西郊别墅，故改称为"乐家花园"。新主人得此园后，也进行了修缮，但基本保持了原貌，并在园的西部增建药圃和鹿苑。

　　因为园内的地势较高，无法引水入园，所以花园的设计者以叠石取胜，可补园内缺乏水面的遗憾。

　　园内楼台殿阁，曲廊亭榭，怪石林立，古树参天，奇花异木，四季飘香。既有巍峨宫殿之壮丽，又有江南园林之幽静，是京西著名的王家园林之一。

阅读链接

从礼王园到乐家花园，历经了200余年的沧桑，有些建筑如楼亭等大多都已经不存在了，但是其中的假山、殿堂和房舍基本保存完整。它代表着我国古代，特别是清代中期的造园艺术，该园设计巧妙，构思奇特。

齐鲁三园

　　孔府花园始建于1055年。当时的孔子第四十六代嫡孙孔宗愿，封号由"文宣公"改为"衍圣公"，扩建孔府，同时开始修建花园，前后三次对其大修。

　　偶园是清代康熙年间文华殿大学士兼刑部尚书冯溥的私家花园，他将宅第称为"偶园"，取"无独有偶"之意。

　　因园位于山东省淄博，此处背依荆山，下临秋谷，山岩重叠，泉水绕屋。春之日桃花夹岸，溪水流红。夏之日浓阴消暑，杨柳摇青。秋之日松涛盈耳，秋花飘香。冬之日竹石凝寒，泉水腾雾。

和御花园相媲美的孔府花园

在我国，一个能完整保存900余年的古老花园，大概只有被誉为"天下第一家"的孔府了。

孔府花园始建于1055年。当时的孔子第四十六代嫡孙孔宗愿，封

曲阜孔府古树

曲阜孔府假山

号由"文宣公"改为"衍圣公"，扩建孔府，同时开始修建花园。

　　开始，规模甚小，后经宋、元、明、清历代修葺，特别是明弘治年间的宰相李东阳，明正德及嘉靖年间的权臣、吏部尚书、国史总裁严嵩，以及清代乾隆皇帝等，前后三次大修之后，把个孔府花园打扮得焕然一新，古色古香，俨然同皇家御花园媲美。

　　孔府花园位于孔府九进大院的最后部分，占地50余亩。虽然不广，但假山、池水、竹林、石岛、亭台、水榭、花坞、曲桥、香坛、客厅等一一俱全。

　　花园假山位于园的东南，皆由各地奇石怪岩构成，依山势而论，有远山近水之分，高峰低峦之别，巉岩幽谷，盘回曲折，洞邃峰奇，若隐若现，羊肠小道，台阶相砌，花木扶疏，从山下一直长至山顶。

　　园林师别具匠心，为使假山喷珠撒玉，特别在山边沿巧布太湖石，平时泉水滴滴，雨天瀑布飞挂，景色之美如同仙境。

　　孔府花园有500余岁的铁树，躯干粗犷，叶肥茎硕，花开花落，依

曲阜孔府假山

然生机勃发。生长400余年的"王柏抱槐",一棵王干,槐穿柏身而生,声喧如虎豹、躯枝似虬龙。

300余年的腊梅,疏影横斜,暗香浮动,百折老干,千条青枝,给人以铮铮铁骨,不可压摧之感。

还有那200余春秋之枣藤,盘根错节,扶树伸展,两人合抱,冠若天棚。尤其是北国稀有的佛手,更为花园一绝。那奇特的手形果实,色泽金黄,闻香之清冽,抚摸片刻,周身的香味三日犹存。

至于花园的名贵之花,何止百种千种,孔府主人为一年四季都能观赏盛开的鲜花,集天下名花于一园,四季常开,月月不败。

诸如一月的腊梅,二月的水仙,三月的迎春,四月的牡丹,五月的芍药,六月的丁香,七月的百合,八月的凤凰仙,九月的桂花,十月的芙蓉,十一月的金菊,十二月的升牙红等,此起彼落,争放异香。

孔府的花园,可以说是由皇宫的银子堆起来的。第一次大修是1504年,负责设计和监工的人,是吏部尚书,太子太傅,华盖殿大学士兼国史总裁李东阳。

李东阳为何如此苦心经营孔府花园呢?

原来,李东阳有个女儿,是孔子第六十二代嫡孙、衍圣公孔闻韶的一品夫人。这位长沙生人的大家闺秀,李东阳视若掌上明珠,不但模样长得很美,而

太傅 我国古代职官。位列三公,正一品位,处于专制统治者的核心位置,直接参与军国大事的拟定和决策,是皇帝统治四方的高级代言人。周代设置,为辅弼天子之任。汉代复置,次于太师,东汉则长期设立,历代沿置,多用为大官加衔,无实职。

且对游山玩水，观月赏花也极感兴趣。

有一天，李女闻得未来的夫婿是当时的孔府小圣人，便告之自己的父亲说，虽然府邸、人品都称心，倘若花园不如意，也不能嫁。

李东阳当场言定，要为爱女修一花园，不出孔府，就能饱赏江南秀丽景色。于是一座集南北风光特色于一园的孔府花园，在他的督修下，大功告成，为此李东阳曾四次作诗刻碑，记此盛举。

孔府花园另一次较大规模的修建是在明代嘉靖年间。那时，当朝的权奸严嵩，看到举国上下，除皇宫外，权势最大者，莫过于孔府了，为扩大自己的势力和影响，他决定与孔府攀亲，将其亲孙女嫁给孔子第六十四代嫡孙衍圣公孔尚贤为一品夫人。

严氏女进府后，严嵩一则为显示权大无边；二则

孔子 名丘，字仲尼，华夏族，春秋时期鲁国陬邑人，春秋末期的思想家和教育家、政治家，儒家思想的创始人。孔子集华夏上古文化之大成，在世时已被誉为"天纵之圣"、"天之木铎"，是当时社会上的最博学者之一，被后世统治者尊为孔圣人、至圣、至圣先师、万世师表。

经典雅致

齐鲁三园

■ 曲阜孔府假山

■ 曲阜孔府假山

麒麟 亦作骐麟"，简称"麟"，其外形像鹿，头上有独角，全身覆盖有鳞甲，尾像牛尾。它是我国古籍中记载的一种动物，与凤、龟、龙共称为"四灵"，是神的坐骑，古人把麒麟当作仁兽、瑞兽。雄性称麒，雌性称麟。麒麟是吉祥神兽，主太平、长寿。

为其孙女生活悠闲，便调集全国名园林师，广搜天下奇花异石，扩建重修孔府花园。后来，严嵩被惮劾治罪，其家产虽倾荡一空，但他修建的孔府花园，却丝毫无损。

据说，严嵩自罢官后穷困潦倒，曾去孔府孙女家求援。无奈，朝廷有令，相助严嵩者皆从严惩处。衍圣公孔尚贤也担心舆论的压力，有意回避严嵩。

严嵩孙女便偷偷将严嵩藏在孔府花园内，一日三餐，靠她用餐时多留下的食物供应。

府人问之，她就说在花园里养了一只狗，别人喂的它不肯吃，喜欢女主人舍施给它食物。

她身为一品夫人，谁还敢追究呢？严嵩落魄到如此地步，真可谓"多行不义必自毙"，据说这样的日子过了没多久，就一命呜呼了。

清代乾隆年间，孔府进行了第三次大规模重修扩建，主持者是乾隆皇帝。原来，乾隆也看中了孔府这块万世繁荣的圣地。因此，也与孔府攀结起亲戚。乾隆将爱女嫁给孔子第七十二代嫡孙孔宪培，做衍圣公的一品夫人，但乾隆是满族，孔宪培是汉族。

按封建法规，满汉不能通婚。群臣献策的结果，是乾隆让女儿改姓，认汉族中堂大夫于敏中为义父，以于氏之女嫁进孔府。

孔府花园经过帝王将相，公侯伯爵历代增修扩建，修筑得山林清幽，洞窟古雅，花园似锦，池桥涌波，使人难分北国江南。

园林处在孔府轴线的最北部，也用轴线布局，正是北方特点，其布局仿紫禁城御花园格局，这布局也只有孔府敢当。

园中路也是轴线，非常明确，在轴线南端有植柏台，四周花砖砌矮墙，有三面台阶通上下，台中植柏一棵，依古木有盆景铁石置于托台上，托台四面浮雕有双龙、双麒麟、双凤等，石边立一石匾，上题"孔府天下第一家"。

下台前行，可见五棵柏抱槐一景，此柏名"五君子柏"，一棵在

■ 曲阜孔府花园风景

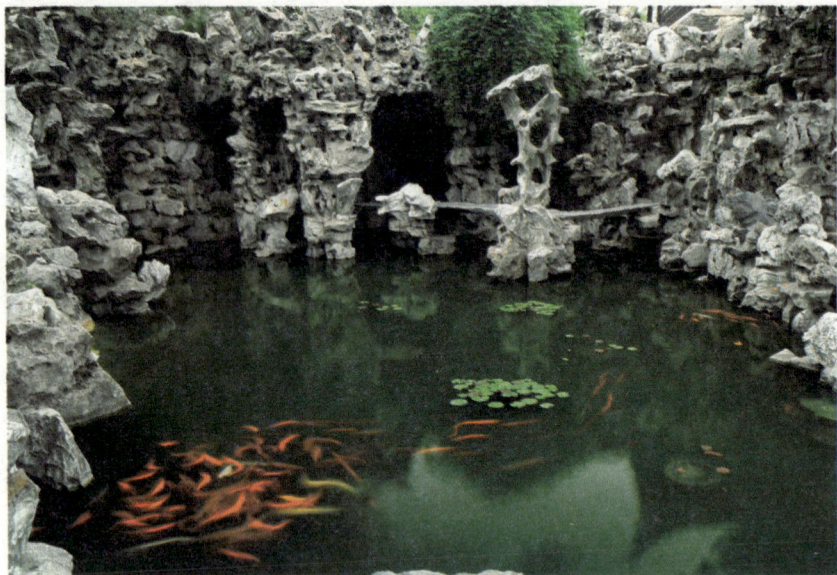

■ 园林假山

重檐 在基本型屋顶重叠下檐而形成。其作用是扩大屋顶和屋身的体重，增添屋顶的高度和层次，增强屋顶的雄伟感和庄严感，调节屋顶和屋身的比例。因此，重檐主要用于高级的庑殿、歇山和追求高竿效果的攒尖顶，形成重檐庑殿、重檐歇山和重檐攒尖三大类别。

根部就分成五干，最奇的是在五干中间抱有一棵槐树，此槐穿柏身而生，实为奇观。据说，此槐已有400多年历史。

当时孔庆镕曾赋诗赞曰：

五干同枝叶，凌凌可耐冬。声疑喧虎豹，形欲化虬龙。曲径荫遮暑，高槐翠减浓。天然君子质，合傲岱岩松。

轴线的最北端是一幢花厅，北依孔府后墙。此厅平面呈"T"字形，前面类似出抱厦，呈攒尖亭式，抱厦亭与后正厅相接，亭开敞无墙，厅青砖厚砌，这种组合既左右对称四平八稳，又通透开敞，活泼可爱。抱厦亭前面两柱题联："寻梅觅竹骚人来，赏兰观菊贤者至。"

花厅前面绕抱厦亭设观景台，台四周为青砖砌矮墙，与轴线之南的柏台一致，形成南北呼应。花厅为孔府主人平时赏花、赏月和会见重要客人的地方，有时也在此设宴。厅东西有花树、竹丛。

出厅西走，见一六角重檐亭，亭宝顶较小，宝珠立于细柱上，立面构图高挑，显得轻盈，有点受南方园林建筑的影响，但是其做法却是北方样式，屋面厚重，起翘很少。

枋间板只作菱形图案，没有彩画，全涂朱红，柱间设单板坐凳，亭内设石桌，不设石几，显得过于朴素。亭西为花房。

中轴的新花厅之东为旧花厅，面阔三间，上覆龙瓦，梁枋皆彩画花卉，梁上二梅作云状，显得古雅而华丽，此处曾叫"坛屋"。房前有丁字形葡萄架。依路南行，来到荷花池，池很小，只几平方米，但是池中荷花盛开，十分清雅。

过荷花池，来到鱼池，池中养鱼，架曲桥。桥面很狭窄，两面用木栏杆，显得过于做作，但栏杆做法却很有特色，横栏竖杆，杆顶为莲花头雕刻，构图简洁。水池中立有多处湖石作为孤赏石。

曲阜孔府花园古树

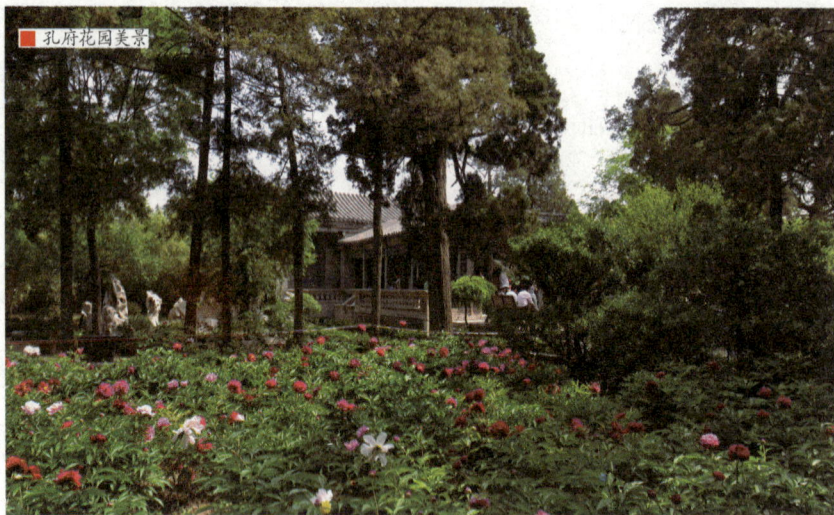
孔府花园美景

桥北为扇亭，亭东南西三面用青砖砌栏杆，可当槛，亭梁枋皆有彩画，内容多为梅、兰、菊、竹、麋鹿、山水等，枋间板用中国结式图案。桥南为大湖石假山，山三面用栏杆围护，不让人攀登，唯北面与桥接，让人有亲近之感。花园西部为牡丹园、芍药圃。

纵观全园，北方园林特征主要表现于明显的中轴线，而建筑的梁架及彩画、水面等山水组合则有江南园林风格，植物特征北方色彩更浓，松、柏、槐等较多。

阅读链接

在孔府花园的西墙上有一幅壁画，画的左边是一潭碧水，右边是一排参天大树，中间有一条临岸的道路。

如果你站在0度至180度的任意位置观看，壁画中的道路会随着你的移动而转动，道路始终向着你敞开，道路入口总是对着你脚下，因此人们叫它"阳关大道"和"金光大道"。寓意"人人有路"、"路就在脚下"、"天无绝人之路"、"条条大道通罗马"等。

传说，这幅画是当年孔府中的一位仆人所作，由此可见孔府自古就是藏龙卧虎之地。

衡王就藩青州而建的偶园

偶园，位于山东省青州城南，是清代康熙年间文华殿大学士兼刑部尚书冯溥的私家花园，当地人称为"冯家花园"。因为冯溥在京城为官时住在万柳园，所以他就将皇帝赐给他在青州的宅第称为"偶园"，取"无独有偶"之意。

偶园的历史，有多种说法，有人认定它是由明朝衡王府的东花园改建而成的。1487年，皇帝朱见深封其第七子朱祐楎为衡王，于1499年就藩于青州。

到了青州之后，衡王为自己建造起了一座富丽堂皇的宫殿，并在东华门外建造了一座花园，名为"东花园"。根

■ 偶园假山

太子 古代君主的儿子中被预定继承君位的人。周时天子及诸侯的嫡长子，称为"太子"或"世子"。汉代时称为"皇太子"，金元代时，皇帝的庶子称为"太子"，明代以后皇帝的嫡子称"皇太子"，亲王的嫡子称"世子"。太子的地位仅次于皇帝本人，并且拥有自己类似于朝廷的东宫。

据明朝廷的规定，东花园的布局和规模，都跟皇帝宫内的御花园相仿。当时，凡是御花园内有的设施，这里都有，只是规模略小而已。

大约过了180多年，清代的文华殿大学士太子太傅冯溥，在告老还乡之前，将他在北京的万柳堂献给皇上，皇上就把原衡王府的东花园赐给了他。冯溥将东花园又进行了一番整修和改建，即取名"偶园"。

冯溥字孔博，又字易斋，清代顺治年间的进士。历任庶吉士、编修、宏文院侍讲学士、吏部右侍郎和刑部尚书等职。"端敏练达、勤劳素著"，深得皇帝的信任，1671年拜为文华殿大学士。

次年，他上书乞休，康熙帝舍不得，便批示说："卿64岁，未衰也，俟70岁乃休耳！"

1682年，冯溥74岁以年老请休获准，加太子太傅，卒年83岁。他平生爱才若渴，精于诗章，有《佳

■ 园林美景

■ 园林美景

山堂集》传世。

清代咸丰年间著的《青州府志》记载："冯溥既归，辟园于居地之南，筑假山，树奇石，环以竹树，曰偶园。"

偶园的原貌，根据冯溥的曾孙冯时基所著的《偶园记略》介绍，原为一组宅第、宗祠和园林三结合的古建筑群。

除去为数众多的竹木花卉以外，主要的建筑设施有：一山，为人工堆砌的假山，分东、西、中三峰；一堂，即为佳山堂；二水，为洞泉水和瀑布水；二门，为偶园门和木著绿门；三桥，为大石桥、横石桥和瀑水桥；三阁，为云镜阁、绿格阁和松风阁；四池，为鱼池、蓄水池、方池和瀑水池；五亭，为友石亭、问山亭、一草亭、近樵亭和卧云亭。石亭前的太湖石奇巧为一方之冠。

153

经典雅致

齐鲁三园

侍郎 官名。汉代郎官的一种，本为朝廷的近侍。东汉以后，尚书的属官，初任称"郎中"，满一年称"尚书郎"，三年称"侍郎"。自唐代以后，中书、门下两省及尚书省所属各部均以侍郎为长官之副，官位渐高。

■ 偶园美景

雄丽之园

北方园林特色与名园

镌刻 把铭文或画在某种坚硬物质上或石头上。"镌"是雕的意思，两个字连在一起便是雕刻的意思。镌指一般文章或诗词郑重地刻在木头或石头上。

玉璧 一种中央有穿孔的扁平状圆形玉器，为我国传统的玉礼器之一，也是"六瑞"之一。根据中央孔径的大小把这种片状圆形玉器分为玉璧、玉瑗、玉环三种。

另外，还有小斋、幽室、山茶房等建筑。园门上有一匾额，上书"偶园"两字。门内的四扇石屏上镌刻着明代高唐王的篆书。

至清代末期，"山石树木，大概虽存，而荒芜殊甚"，仅存为一山一堂一阁。

偶园的结构严谨，布局得体。满园内，亭阁棋布，怪石嶙峋，泉水叮咚，曲径通幽，竹柏森森，花木隐翳，亭台楼榭错落有致，小桥回廊曲径通幽，洋溢着令人流连忘返的魅力。

其中，最有特点、最富吸引力的还是佳山堂前，以三峰假山为主体的那一组了。假山在结构上分坪、峰、洞和台四个部分，每部分体现各自的主题，特色分明，使整座假山繁而不乱，层次分明。

山上松竹隐翳，花木掩映，兼亭、台、阁、洞、桥、溪、瀑等步移景异，变化多端。

佳山堂正对假山的中峰，堂前峰后是个不大的空场，场上古柏挺拔，花卉斗艳。堂西南是饰以紫石的近樵亭，下临池水，陡立的石壁上有一股流水作瀑布注入池中，然后循山根向东流去。

水上叠石为桥，过石桥可钻入一个石洞，沿洞穴先往东南走，再往南一折，便觉得脚下越来越高。

顺势渐进，不知不觉登上山腰，这就是假山中峰的西麓。趄身向东攀上主峰之巅，远山近树一览无余，真有心旷神怡之感。

峰东北临水，壁上有一石窟，俯身入窟，开始光线昏暗得辨不清眼前的景物，婉转西行，顿觉豁然开朗，原来是一座方丈"石屋"！"屋"顶有一道裂缝，阳光自缝中射入，耀人眼目。

再向南转，洞顶有一个圆孔，孔中窥天，恰似悬在头顶上的一块玉璧。继续前行，三面都有石砌的台阶，拾级而上，就可到达假山中峰的东麓。峰巅以东横一座石桥，下临绝洞，有泉水自洞中曲折流

经典雅致

齐鲁三园

偶园石桥

偶园假山

出，汇入西来的瀑布水，沿山根北去，流入方池。

涧北山坳间有一座小亭子，便是卧云亭。亭后石径崎岖，盘桓而上，可以到达假山之东峰。沿石径北去，可登松风阁，举目四望，四园景色尽收眼底。阁底下为一暖室，冬季游山时在室内稍事休憩，也是别有一番韵味的。

园中的十三块太湖石，玲珑剔透，造型别致。尤其是其中的四块，造型酷似"福"、"寿"、"康"、"宁"四个字，玩味无穷。

据说是明代衡王朱祐楎做寿时，官宦贵人赠送的贡石，每一块都玲珑剔透、气度非凡。"疏可走马，密不透风"，蕴含着书法篆刻的神韵，透出了古人浓浓的隐逸意识和博大精深的石文化内涵。

关于四大奇石，当地还流传着"一两石头一两银"的传说。据说，冯溥去世后，家道逐渐败落，他的家人靠变卖家产维持生计。有一个南方富商看中了这四块奇石，经商议一两石头价一两银成交。

富商就这样去筹措银两，准备第二天就来买走奇石。主人这边却犯了愁：如把这镇园之宝卖了，怎好向历史和子孙交代？可要是反悔也实在无脸面对。

正愁之际，夫人献上良策，待富商拿了银两来时，主人说："要把奇石下面的石质雕花底座一起称上才行。"

富商一听傻了眼，要知道这底座比奇石还沉，即使再富有也买不起了，只好告辞。

清代康熙年间，我国的园林假山建筑很少，几经翻修，大多失其原貌，偶园中的假山恐怕是唯一幸存的"康熙风格"的园林建筑。

后来，人们又在偶园新添了许多珍禽异兽和奇花异草，以及用"青州怪石"为主要原料而制作的水石盆景，使古老的偶园锦上添花，放射出更加灿烂的光辉。

这里还有四棵明朝的桂花，已经活了400多岁，另外还有三棵迎春也是明代遗留下来的，虽然已经"老态龙钟"，每年隆冬却照例是满枝黄花，热情奔放地迎接着春天的到来。

阅读链接

冯溥任职官内时，康熙皇帝尚且年幼。冯溥"持正不阿"，屡献富国安民良策，再加之冯溥本人清正廉洁，深得康熙皇帝倚重。

1671年，冯溥被授予文华殿大学士，官居宰相。冯克文就是这样跟随着冯溥南来北往，帮冯溥操持打理主事，在繁忙的宫廷事务中尽全力帮助支持冯溥的工作。

后来，60多岁的冯克文向冯溥提出了欲回乡养老的想法。重情义的冯溥对跟随自己几十年的本家晚辈冯克文，也自是十分不舍。于是，冯溥就把康熙皇帝御赐给自己的"文华殿大学士"和"太子太傅"金匾，赠送给了冯克文，为时人所称颂。

赵执信故居的淄博因园

因园，始建于1685 年，是赵执信的祖父赵双美所建，历尽沧桑。因园占地面积15640平方米，建筑面积3970平方米，水面面积3540平方米，绿化面积6940平方米，种植花木70多个品种。

■ 赵执信纪念馆

主要建筑物有赵执信故居、深约堂、绿静轩、虚舵楼、览秋台、听泉榭、西笑亭、衔月亭等亭台廊榭十余处，另有摩崖石刻、石雕影壁、假山池塘、叠瀑溪流等作为点缀，还有文石盆景、陶瓷琉璃、名人字画等。

因园正门口，可见一丈多高的摩崖石刻"秋谷高风"，是由赵执信书稿中集墨而成。字迹遒劲俊秀，一代书家的功力跃然石上，观者无不发出"书人俱佳"的赞叹。

向北穿圆门过三曲桥，就到了长5米，高3米的石雕影壁前，上面刻有"饴山谈龙"四个隶书大字，由书法家王延山手书，影壁背面镌刻着赵执信生平传略。影壁后便是主体建筑，赵执信故居。

这是一座比较标准的清代四合院，占地面积1050平方米，建筑面积286平方米，有房屋15间。门前一

■ 赵执信故居碑刻

赵执信（1662年—1744年），清代诗人、诗论家、书法家。字仲符，号秋谷，晚号饴山老人、知如老人。十四岁中秀才，十七岁中举人，十八岁中进士，后任右春坊右赞善兼翰林院检讨。二十八岁因故被革职。此后五十年间，终身不仕，徜徉林壑。赵执信为王士禛甥婿，然论诗与其异趣，强调"文意为主，言语为役"。所作诗文深沉峭拔，亦不乏反映民生疾苦的篇目。

经典雅致

齐鲁三园

淄博赵执信纪念馆

墓志铭 是一种悼念性的文体，更是人类历史悠久的文化表现形式。墓志铭是古代文体的一种，通常分为两部分：第一部分是序文，记叙死者世系、名字、爵位及生平事迹等称为"志"；后一部分是"铭"，多用韵文，表示对死者的悼念和赞颂。

副抱柱联写道："与昉思听曲竟被罢官曾自比伤弓断燕，同贻上论诗独成妙解至今想抵掌谈龙。"

"昉思"是赵氏好友洪升的字，"贻上"则是诗坛上与赵氏观点相左的王士禛的字。以挚友和论敌入楹联，立意奇巧，对仗工整，内容也十分耐人寻味。

楹联左侧的清康熙初年碑刻，是明代监察御史、赵执信曾祖父赵振业的墓志铭，由"一代帝师"、"三部尚书"孙廷铨撰文，孙廷铨之侄宝仁书丹。全文2470字，详尽记述了赵振业的生平与赵氏家族的延续，具有重要的文物价值。

一对石狮列于门口，高1.6米，长0.9米，座高0.2米，正面平视，不分雄雌，各用前爪抚一绣球引一小狮，雕工玲珑精巧，微残而不失原貌，其完整精致程度可与颜文姜祠门前石狮相媲美。这对石狮，是在执信曾祖父赵振业任邯郸令时运来的。

赵执信故居院内房屋，灰瓦粉墙，木格门窗，十分古朴典雅。正堂名称"礐庵"，是赵执信晚年的著书立说之所，用作书房、客房兼卧室。室内正面墙上悬挂着赵执信画像，锦绣官服，顶戴花翎，刚毅安详，正襟危坐。画像两侧的楹联写着：

梦抛溟海三千里，身耐霜风七十秋。

这是他70岁时诗作中的一联，是他对自己坎坷经历的真实写照。

室内陈列着古色古香的罗汉床、条山几、元魁椅、方衣架、书桌和书橱等。床头悬挂着自书"无想道人"的条幅，上书"虎帐酣眠是壮猷，故人龙卧隔三洲。争教管乐相与笑，大有人呼作武侯"，抒发了诗人隐居时的豪情壮志。

顶戴 清朝用以区别官员品级的帽饰。以红宝石为最高，依次为珊瑚、蓝宝石、青宝石、水晶、砗磲、素金、镂花阴文金顶、镂花阳文金顶。革职或降职时，即革除或摘去所戴顶子。朝冠与吉服冠在三品以上略有区别，如红宝石仅用文武一品官朝冠，吉服冠用珊瑚。

■ 园林内陈设

■ 园林秋色

青釉 我国瓷器著名传统颜色釉，也称"青瓷釉"。古代南方青釉，是瓷器最早的颜色釉。所谓"青釉"，颜色并不是纯粹的青，有月白、天青、粉青、梅子青、豆青、豆绿、翠青等，但多少总能泛出一点青绿色。同时，古人往往将青、绿、蓝三种颜色，一统称为"青色"。

东、西厢房分别是赵执信生平展览、学术成就展览。在这里，人们可以通过赵执信青年时期的仕宦生活、壮年时期的漫游生活和老年时期的隐居生活，了解这位在诗歌理论和创作领域取得双重成就的优秀现实主义诗人坎坷、曲折的一生，体味他少年得志的激情，罢官漫游的感受，现实主义诗篇和诗论的内涵。

深绿书院位于赵执信故居的东面，北房名称深约堂，东房名称绿静轩，占地面积800平方米，里面共有奇石精品186件。这些奇石全部是博山奇石收藏的佳品，意境高远深沉，形神俱佳，观赏把玩超然物外，临此观之，莫不心胸豁然，眼界大开。

此外，还有陶瓷琉璃精品386件，陶瓷类展品主要有世所珍重的绞胎、粉杠、三彩、青釉印花、黑白釉和菜叶末釉等精品佳作，其造型有的抽象、粗犷、豪放、深厚，有的玲珑逼真、造型优美、意蕴浓重、巧夺天工。

琉璃展品主要有名贵色料加工成型的鸡油黄、鸡肝石制品，还有著名高级工艺师及民间艺人精心制作的琉璃花球，内画鼻烟壶，套料雕刻瓶、碗、壶，刻画花球，稀有琉璃，水晶宝石等，这些琉璃展品均具有强烈的民族性和浑厚丰润、粗犷优雅、质朴逼真的艺术特色。

名人字画厅占地面积150平方米，展出的名家字画86幅。有的大气磅礴，有的清秀隽永，有的金石味浓，有的天然成趣，尤其是冯其庸等名人的大作，更让人大饱眼福。

故居的西面有"梅园"，植有红梅、绿梅、腊梅等十余种，隐喻赵执信的凛然傲骨。因园长廊由"衔月亭"起，自南向北经梅园向东折去，与整个建筑群浑然一体，韵味深邃，让人流连忘返。

自"秋谷高风"摩崖石刻处拾级而上，有一飞檐斗拱的"西笑亭"立于悬崖峭壁之上。这是当年赵执信与友人小聚，谈古论今、吟诗聊天的地方。

不远处的"听泉榭"，建于山上小湖一侧，水中莲荷怒放，游鱼

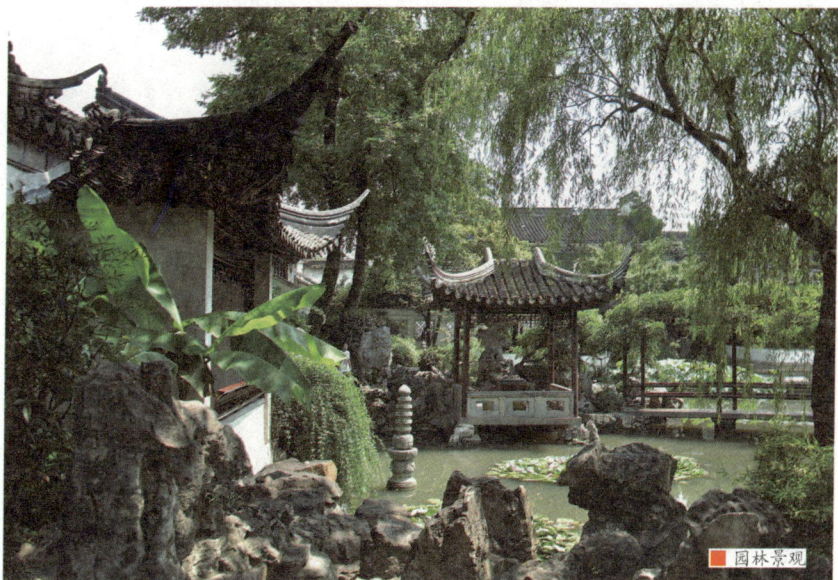

园林景观

可鉴，山清水秀，鸟语花香，也是他经常驻足之处。当年他在《题因园听泉榭》一诗中，对四围佳境作过详细的描述：

池光回映曲栏平，涧水摇穿洞户行。

竟日深林响寒雨，四时空谷送秋声。

主宾谈向铿訇息，鱼鸟心从寂历生。

忆访仙人阆亭馆，水晶帘槛坐分明。

览秋台是园林部分的重要景点，赵执信晚年常与友人在此观景聊天、吟诗作画、弹唱娱乐。

站在览秋台上，因园一年四季景色尽收眼底。春日可看桃花夹岸，溪水流红；夏日可见浓荫密蔽，杨柳摇青；秋天可闻松涛盈耳，桂花飘香；冬季可观竹石凝寒，泉水腾雾。

赵执信晚年退居因园，去世后，该园卖于钱氏。历传六世，亭堂台榭，毁坏甚巨。因园仅存览秋台、礦庵，别的已颓圮无存。

阅读链接

有一年，赵府大兴土木，扩建宅院。很短的时间内，赵执信与工匠们混熟了。他一有空便跑去和工匠师傅们聊天，大家早就听说赵府的少爷聪明伶俐，对答如流，能诗善文，有意想考考他，试试他的才华。

一天，师傅们把赵执信叫来说："少爷，我出个题考考你行不行？"

赵执信毫不犹豫地答道："行啊！请师傅出题。"

一位老师傅说："我就以盖房子为题，出个上联，你对下联吧！"于是说："俯瓦、仰瓦、瓦对瓦。"

赵执信聚精会神地听了后，连说："好上联，好上联。"

于是就立刻答道："横砖、竖砖、砖顶砖。"

中华精神家园书系

古迹奇观

玉宇琼楼：分布全国的古建筑群
城楼古렀：雄伟壮丽的古代城楼
历史开关：千年古城墙与古城门
长城纵览：古代浩大的防御工程
长城关隘：万里长城的著名关卡
雄关雄道：北方的著名古代关隘
千古要塞：南方的著名古代关隘
桥的国度：穿越古今的著名桥梁
古桥天姿：千姿百态的古桥艺术
水利古貌：古代水利工程与遗迹

山水灵性

母亲之河：黄河文明与历史渊源
中华巨龙：长江文明与历史渊源
江河之美：著名江河的文化源流
水韵雅趣：湖泊泉瀑与历史文化
东岳西岳：泰山华山与历史文化
五岳名山：恒山衡山嵩山的文化
三山美名：三山美景与历史文化
佛教名山：佛教名山的文化流芳
道教名山：道教名山的文化流芳
天下奇山：名山奇迹与文化内涵

自然遗产

天地厚礼：中国的世界自然遗产
地理恩赐：地质蕴含之美与价值
绝美景色：国家综合自然风景区
地质奇观：国家自然地质风景区
无限美景：国家自然山水风景区
自然名胜：国家自然名胜风景区
天然生态：国家综合自然保护区
动物乐园：国家动物自然保护区
植物王国：国家保护的野生植物
森林景观：国家森林公园大博览

西部沃土

古朴秦川：三秦文化特色与形态
龙兴之地：汉水文化特色与形态
塞外江南：陇右文化特色与形态
人类敦煌：敦煌文化特色与形态
巴山风情：巴渝文化特色与形态
天府之国：蜀文化的特色与形态
黔风贵韵：黔贵文化特色与形态
七彩云南：滇云文化特色与形态
八桂山水：八桂文化特色与形态
草原牧歌：草原文化特色与形态

东部风情

燕赵悲歌：燕赵文化特色与形态
齐鲁儒风：齐鲁文化特色与形态
吴越人家：吴越文化特色与形态
两淮之风：两淮文化特色与形态
八闽魅力：福建文化特色与形态
客家风采：客家文化特色与形态
岭南灵秀：岭南文化特色与形态
潮汕之根：潮州文化特色与形态
滨海风光：琼州文化特色与形态
宝岛台湾：台湾文化特色与形态

中部之魂

三晋大地：三晋文化特色与形态
华夏之中：中原文化特色与形态
陈楚风韵：陈楚文化特色与形态
地方显学：徽州文化特色与形态
形胜之区：江西文化特色与形态
淳朴湖湘：湖湘文化特色与形态
神秘湘西：湘西文化特色与形态
瑰丽楚地：荆楚文化特色与形态
秦淮画卷：秦淮文化特色与形态
冰雪关东：关东文化特色与形态

节庆习俗

普天同庆：春节习俗与文化内涵
张灯结彩：元宵习俗与彩灯文化
寄托哀思：清明祭祀与寒食习俗
粽情端午：端午节与赛龙舟习俗
浪漫佳期：七夕节俗与妇女乞巧
花好月圆：中秋节俗与赏月之风
九九踏秋：重阳节俗与登高赏菊
千秋佳节：传统节日与文化内涵
民族盛典：少数民族节日与内涵
百姓聚欢：庙会活动与赶集习俗

民风根源

血缘脉系：家族家谱与家庭文化
万姓之根：姓氏与名字号及称谓
生之由来：生庚生肖与寿诞礼俗
婚掺礼俗：嫁娶礼俗与结婚喜庆
人生遵俗：人生处世与礼俗文化
幸福美满：福禄寿喜与五福临门
礼仪之邦：古代礼制与礼仪文化
祭祀庆典：传统祭典与祭祀礼俗
山水相依：依山傍水的居住文化

衣食天下

衣冠楚楚：服装艺术与文化内涵
凤冠霞帔：佩饰艺术与文化内涵
丝绸锦缎：古代纺织精品与布艺
绣美中华：刺绣文化与四大名绣
以食为天：饮食历史与筷子文化
美食中国：八大菜系与文化内涵
中国酒道：酒历史酒文化的特色
酒香千年：酿酒遗址与传统名酒
茶道风雅：茶历史茶文化的特色

国风美术

丹青史话：绘画历史演变与内涵
国画风采：绘画方法体系与类别
独特流派：著名绘画流派与特色
国画瑰宝：传世名画的绝色魅力
国风长卷：传世名画的大美风采
艺术之根：民间剪纸与民间年画
影视鼻祖：民间皮影戏与木偶戏
国粹书法：书法历史与艺术内涵
翰墨飘香：著名书法名作与艺术
行书天下：著名行书精品与艺术

汉语之魂

汉语源流：汉字汉语与文章体类
文学经典：文学评论与作品选集
古老哲学：哲学流派与经典著作
史册汗青：历史典籍与文化内涵
统御之道：政论专著与文化内涵
兵家韬略：兵法谋略与文化内涵
文苑集成：古代文献与经典著作
经传宝典：古代经传与文化内涵
曲苑音坛：曲艺说唱项目与艺术
曲艺奇葩：曲艺伴奏项目与艺术

博大文学

神话魅力：神话传说与文化内涵
民间相传：民间传说与文化内涵
英雄赞歌：四大英雄史诗与内涵
灿烂散文：散文历史与艺术特色
诗的国度：诗的历史与艺术特色
词苑漫步：词的历史与艺术特色
散曲奇葩：散曲历史与艺术特色
小说源流：小说历史与艺术特色
小说经典：著名古典小说的魅力

歌舞共娱

古乐流芳：古代音乐历史与文化
钧天广乐：古代十大名曲与内涵
八音古乐：古代乐器与演奏艺术
鸾歌凤舞：古代大曲历史与艺术
妙舞长空：舞蹈历史与文化内涵
体育古项：体育运动与古老项目
民俗娱乐：民俗运动与古老项目
刀光剑影：器械武术种类与文化
快乐游艺：古老游艺与文化内涵
开心棋牌：棋牌文化与古老项目

科技回眸

创始发明：四大发明与历史价值
科技首创：万物探索与发明发现
天文回望：天文历史与天文科技
万年历法：古代历法与岁时文化
地理探究：地学历史与地理科技
数学史鉴：数学历史与数学成就
物理源流：物理历史与物理科技
化学历程：化学历史与化学科技
农学春秋：农学历史与农业科技
生物寻古：生物历史与生物科技

文化标记

龙凤图腾：龙凤崇拜与舞龙舞狮
吉祥如意：吉祥物品与文化内涵
花中四君：梅兰竹菊与文化内涵
草木有情：草木美誉与文化象征
雕塑之韵：雕塑历史与艺术内涵
壁画遗韵：古代壁画与古墓丹青
雕刻精工：竹木骨牙角匏与工艺
百年老号：百年企业与文化传统
特色之乡：文化之乡与文化内涵

杰出人物

文韬武略：杰出帝王与励精图治
千古忠良：千古贤臣与爱国爱民
将帅传奇：将帅风云与文韬武略
思想宗师：先贤思想与智慧精华
科学鼻祖：科学精英与求索发现
发明巨匠：发明天工与创造英才
文坛泰斗：文学大家与传世经典
诗神巨星：天才诗人与妙笔华篇
画界巨擘：绘画名家与绝代精品
艺术大家：艺术大师与杰出之作

戏苑杂谈

梨园春秋：中国戏曲历史与文化
古戏经典：四大古典悲剧与喜剧
关东曲苑：东北戏曲种类与艺术
京津大戏：北京与天津戏曲艺术
燕赵戏苑：河北戏曲种类与艺术
三秦戏苑：陕西戏曲种类与艺术
齐鲁戏台：山东戏曲种类与艺术
中原曲苑：河南戏曲种类与艺术
江淮戏话：安徽戏曲种类与艺术

千秋教化

教育之本：历代官学与民风教化
文武科举：科举历史与选拔制度
教化于民：太学文化与私塾文化
官学盛况：国子监与学宫的教育
朗朗书院：书院文化与教育特色
君子之学：琴棋书画与六艺课目
启蒙经典：家教蒙学与文化内涵
文房四宝：纸笔墨砚及文化内涵
刻印时代：古籍历史与文化内涵
金石之光：篆刻艺术与印章碑石

悠久历史

古往今来：历代更替与王朝千秋
天下一统：历代统一与行动韬略
太平盛世：历代盛世与开明之治
变法图强：历代变法与图强革新
古代外交：历代外交与文化交流
选贤任能：历代官制与选拔制度
法治天下：历代法制与公正严明
古代税赋：历代赋税与劳役制度
三农史志：历代农业与土地制度
古代户籍：历代区划与户籍制度

信仰之光

儒学根源：儒学历史与文化内涵
文化主体：天人合一的思想内涵
处世之道：传统儒家的修行法宝
上善若水：道教历史与道教文化

梨园谱系

苏沪大戏：江苏上海戏曲与艺术
钱塘戏话：浙江戏曲种类与艺术
荆楚戏台：湖北戏曲种类与艺术
潇湘梨园：湖南戏曲种类与艺术
滇黔好戏：云南贵州戏曲与艺术
八桂梨园：广西戏曲种类与艺术
闽台戏苑：福建戏曲种类与艺术
粤琼戏话：广东戏曲种类与艺术
赣江好戏：江西戏曲种类与艺术

传统美德

君子之为：修身齐家治国平天下
刚健有为：自强不息与勇毅力行
仁爱孝悌：传统美德的集中体现
谦和好礼：为人处世的美好情操
诚信知报：质朴道德的重要表现
精忠报国：民族精神的巨大力量
克己奉公：强烈使命感和责任感
见利思义：崇高人格的光辉写照
勤俭廉政：民族的共同价值取向
笃实宽厚：宽厚品德的生活体现

历史长河

兵器阵法：历代军事与兵器阵法
战事演义：历代战争与著名战役
货币历程：历代货币与钱币形式
金融形态：历代金融与货币流通
交通巡礼：历代交通与水陆运输
商贸纵观：历代商业与市场经济
印纺工业：历代纺织与印染工艺
古老行业：三百六十行由来发展
养殖史话：古代畜牧与古代渔业
种植细说：古代栽培与古代园艺

强健之源

中国功夫：中华武术历史与文化
南拳北腿：武术种类与文化内涵
少林传奇：少林功夫历史与文化